真宗学シリーズ7

真宗聖典学②

七高僧撰述

信楽《しがらき》峻麿《たかまろ》

法藏館

真宗聖典学②七高僧撰述　真宗学シリーズ7＊目次

第六章　善導『観無量寿経疏』……183

凡例

一、引用文献、および本文の漢字は、常用体のあるものは、常用体を使用した。

一、引用文献は、以下のように略記する。

『真宗聖教全書』……………………………「真聖全」
『大正新修大蔵経』…………………………「大正」
『大日本仏教全書』…………………………「日仏全」
『浄土宗全書』………………………………「浄全」
『真宗叢書』…………………………………「真叢」
『恵心僧都全集』……………………………「恵心全集」
『昭和新修法然上人全集』…………………「法然全集」
『親鸞聖人全集』……………………………「親鸞全集」

真宗聖典学②

七高僧撰述

真宗学シリーズ7

装丁　井上三三夫

第一章　序　説

一　七高僧の選定

浄土真宗の教義というものは、かつてインドにおいて、釈尊の根本意趣を開顕しようとして成立したところの、〈無量寿経〉に教説される阿弥陀仏の本願の仏道を、日本の親鸞が、自己の全主体をかけて体験し、領解したものを、論理化、組織化して生まれたものであります。そこでそのインドの〈無量寿経〉の教説から親鸞までの、千二百年にわたる歴史を繋いで、本願の仏道を自ら体解し、その内実を解明、伝統したところの、数多くの先達たちの中から、親鸞がことに選びだして、その教学とそれにもとづく生き方を讃仰し、それを継承したものに七人があります。七高僧と呼ばれる人々であります。すなわち、インドの龍樹（一五〇〜二五〇ごろ）と天親（三二〇〜四〇〇ごろ）、中国の曇鸞（四七六〜五四二ごろ）と道綽（五六二〜六四五）と善導（六一三〜六八一）、そして日本の源信（九四二〜一〇一七）と法然（一一三三〜一二一二）であります。

親鸞が、ことにこの七人の高僧を選んだのは、いかなる根拠によるものでしょうか。実はその前提となるものとして、法然の著作である『選択本願念仏集』の第一の二門章（真聖全一、九三三〜九三四頁）に、浄土宗の血脈、伝統の系譜をあげて、中国の浄土教に、廬山の慧遠（三三四〜四一六）流と、慈愍（六八〇〜七四八）流と、曇鸞、道綽、善導流の三系統があると明かしております。そして法然は、さらにその曇鸞、道綽、善導流については、菩提流支（?〜五二七）にはじまる法上（四九五〜五八〇）、浄影寺慧遠（五二三〜五九二）の流れと、懐感（七世紀）、少康（?〜八〇五）の流れがあると記しております。

そしてまた法然には、『類聚浄土五祖伝』（真聖全四、四七七〜四九九頁）なるものがあり、そこでは中国の浄土教の祖師として、曇鸞、道綽、善導、懐感、少康の五人の伝記を集めて記録し、その恩徳を讃仰しております。ただし、懐感、少康については、わずかな資料しか伝わっておりません。このことからすると、法然は、中国浄土教の系譜としては、曇鸞、道綽、善導、そして懐感、少康の流れを継承すると、自認していたことがうかがわれます。

二　インドの龍樹・天親

そしてまた法然は、この『選択本願念仏集』の二門章において、浄土の教法については、「正しく往生浄土を明かすの教」と「傍に往生浄土を明かす教」（真聖全一、九三二頁）があるといい、その正明の教とは、「三経一論これなり」といって、『無量寿経』と『観無量寿経』と『阿弥陀経』の浄土三部経と、インドの天親の『浄土論』をあげております。そしてその傍明の教については、『華厳経』、『法華経』などとともに、インドの龍樹の『十住毘婆沙論』などを指定しております。

かくしてこれらの法然の浄土教理解にしたがうならば、浄土教の祖師としては、インドの龍樹と天親、そして中国の曇鸞、道綽、善導をあげるべきでありましょう。親鸞におけるる七高僧の選定をめぐっては、このような法然の浄土教歴史観を承けていることが想像されるところです。

ことに親鸞における真宗教義の領解については、インドの龍樹浄土教と、天親浄土教に学ぶことが多大であったことが知られます。すなわち、龍樹の浄土教については、その『教行証文類』の「行文類」に、真宗における行道思想を明かすについて、龍樹の『十住毘婆沙論』の文を六文ほど引用しながら、真宗における住不退転地、浄土往生の道とは、ひとえに阿弥陀仏を憶念し、礼拝し、その名号を称名するという、身口意の三業を奉行する道であることを主張しております。そしてまた、天親の浄土教については、その「信文類」の本願文の欲生について明かすのに、天親の『浄土論』（曇鸞『往生論註』）の文を三文ほど引用しながら、真宗において真実信心を生きるということは、私が仏に成っていく道であると同時に、多くの他者を教化して、ともに仏に成っていくという、自利利他の願心、他者の幸福のためにこそ、自己を尽くすという慈悲の心に生きていくことであると明かします。そしてまた、その「証文類」においても、同じ天親の『浄土論』の文と、それにかかわる曇鸞の『往生論註』の文の九文を引用して、念仏者の還相摂化の利益について長々と明かしながら、念仏者は死したのちにも、なお他者の救済、その成仏のために、利他行を実践することができるといい、私たちが浄土に往生するのは、自己自身のためにではなく、ひとえに他者救済の能力をこの身に獲得して、そういう仏の壮大なる救済運動に参加していくことであると語っております。その意味において、この龍樹の浄土教と天親の浄土教とは、親鸞の思想形成について、ことにはその真宗の行道論の構築と、真宗念仏者の社会的実践論の展開をめぐって、重要な思想、論理を提供していることがうかがわれるところです。このことについては、すでに『教行証文類講義』の第五巻および第七巻においいてて、いろいろと論究したところであります。

三　中国の曇鸞・道綽・善導

なおまた親鸞は、この天親に対する尊仰を通して、その『浄土論』を註解したところの中国の曇鸞をも、天親に即一して敬拝したことは、諸種の文献に明らかなところであります。その曇鸞は、北中国に生まれて、はじめには龍樹の般若中観の教学を学び、そののちに龍樹の教学に導かれて浄土教に帰入したと考えられます。この曇鸞は、天親の『無量寿経優婆提舎願生偈』を詳細に註解して、『往生論註』を作成しておりますが、そこでは、インドの龍樹と天親の浄土教の両者を合糅しながらも、ことには龍樹の浄土教を継承して、称名念仏を基軸とする十念往生の道を主張いたしました。親鸞は、その『往生論註』に多くのことを学んだようですが、その上巻末の八番問答の文は、そのほとんどの文を「信文類」に引用して、浄土真宗の仏道の対象が、ひとえに五逆十悪の悪人であることを論証し、またその下巻末の三願的証の文も、その全文を「信文類」に引用しており、真宗教義の綱格を、そこに示される第十一正定滅度の願（証）、第十八至心信楽の願（信）、第二十二還相廻向の願（証）、（第十七諸仏称名の願「行」については法然、聖覚による）によって確立したところであります。

そしてその曇鸞の浄土教を伝統したのが道綽であり、道綽は、末法時代の到来に直面しながら、ひとえに『観無量寿経』にもとづいて、観仏三昧、念仏三昧の道を主張し、その道綽に面授して、念仏義を修得したのが善導であります。善導は、数多くの著作を残しており、それによりますと、その歴史観と人間観をめぐっては、その歴史認識においては末法という危機意識を立脚地点としつつ、またその人間把捉についても、その無明性と罪業性に対する徹底した内観、自覚が見られるところであり、親鸞における厳しい人間洞察、その「悪人正因」(『歎異抄』真聖全二、七七五頁)の思想の原点が、ここにあることがうかがわれるところであります。またその阿弥陀仏と浄土をめぐる領解についても、善導はそれについては、多くは有相的、対自的に明かすところですが、また本質的には、それを語るのに「自然」といい、「無為法性」(『法事讃』真聖全一、五九二頁)などといって、人間と超越をめぐっては、浄土教の根本原理を的確に領解しており、それらのことは、親鸞における浄土真宗の教義の構築に、よく継承されていることがうかがわれます。そしてまた、その浄土の行道についても、五正行の創唱による称名正定業義を明かして、念仏往生の道を主張いたしました。そしてこの善導の称名正定業の思想が、日本に伝来されて、源信、さらには法然の浄土教として開華していったわけであります。

四 日本の源信・法然

そしてまた親鸞は、その少年から青春時代にかけて、もっぱら比叡山において修学したと伝えますが、親鸞は、その比叡山の中でも、かつて良源（九一二〜九八五）によって整備され、その弟子の源信が住居したところの横川《よがわ》に住み、その常行堂の堂僧として勤務していたと考えられ、親鸞は早くより、この源信に深い縁を結んでいたことが想像されます。そしてここで親鸞は、その源信の著作である『往生要集』に明かされるところの、浄土念仏の教理についていろいろと学び、またその『阿弥陀経略記』において示される、聞名不退という在家仏教なる易行道についても、深く学習し、開眼することがあったであろうと思われます。このことについては、すでに『真宗求道学―真宗学シリーズ5』の「第一章親鸞はなぜ山を下りたのか」というところで、詳細に論究したところであります。かくして親鸞にとっては、この源信とは、その青春時代の求道遍歴の中で、きわめて重要な意味をもったところの先師であったと思われます。その七高僧の一人として選んだ理由でもありましょう。

そしてまた、親鸞は、比叡山における国家権力に庇護された伝統の出家仏教に限界をおぼえ、多くの民衆のための、新しい在家仏教を求めて比叡山から下山し、法然の門下に入って、ここで新しい選択本願の念仏義を学んだわけで、親鸞は、この法然との値遇においてこそ、真実の仏教、阿弥陀仏の本願の仏道に開眼したわけであります。そして親鸞が、そのことを通して明らかにした仏教、浄土真宗の基本原理とは、ひたすらなる「選び」の論理でありました。この世俗の社会において、何が真で何が偽か、何が善で何が悪か、何が純で何が雑か。親鸞はその生涯をかけて、そういう「選び」に徹して生きていったわけで、その究極においては、つねに「ただ念仏のみぞ、まことにておはします」(『歎異抄』真聖全二、七九三頁)という、選択念仏の立場に立ちつづけたところであります。ところで親鸞が、そのような選びの論理を学んだのは、ひとえにこの法然における選択本願念仏の教法によるもので、親鸞の人生、その仏道とは、この法然との出遇いにおいてこそ、新しく開拓されていったわけで、その『高僧和讃』に、

曠劫多生のあひだにも　出離の強縁知らざりき

本師源空いまさずば　このたびむなしくすぎなまし(真聖全二、五一三頁)

と告白するところであります。かくして親鸞にとっては、この法然とは、その終生を貫くところの先師であったわけで、その七高僧として、当然に尊仰されるべき人物でありました。

五　七高僧の讃仰

以上、親鸞が、これらの七高僧を選定した理由、根拠について、いささか考察したところです。そこで親鸞の『尊号真像銘文』によりますと、親鸞当時の関東の真宗教団においては、これら先師の真像（道綽をのぞく六師）を画いて奉安し、それを崇敬したことがうかがわれます。この『尊号真像銘文』では、それらの真像に書かれた銘文を解説しているところです。そしてまた親鸞は、その『正信念仏偈』（『念仏正信偈』）に、この七高僧の名前を掲げて、その浄土教理の歴史について明かし、また『高僧和讃』なるものも撰述して、この七高僧の教理とその恩徳を讃仰しているところであります。

そこで以下、この七高僧の主なる撰述について、真宗聖典学の立場から、およその概説を試みていくことといたします。

第二章　龍樹『十住毘婆沙論』

一　龍樹の生涯とその撰述

1　龍樹の生涯

龍樹は原名をNāgārjunaといい、訳して龍樹または龍猛、龍勝とも呼ばれています。その生存年代は、およそ紀元一五〇年ごろより二五〇年までと考えられ、南インドのヴィダルバの出身で、バラモンの家に誕生したといわれます。その生涯については正確には不明ですが、およそのところでは、彼は生まれつき聡明で、早くよりバラモンの教学をはじめとして、その他の多くの学問に精通しましたが、彼は自己の現実生活について深く内省するところがあり、北インドに至って仏教に帰依し、有部教学を研鑽いたしました。しかしさらに求道遍歴して大乗経典を受持することとなり、それ以来、大乗仏教に帰依してその理論的な解明に尽力し、ことに般若空思想の教学の体系化に偉大な功績を残しました。龍樹はまた、そのような理論的な思索と同時に、仏道の実践についても徹底し、ことに仏教の歴史社会に対する宣揚、流通にもつとめるところがあり、当時の南インドを支配していたシャータヴァーハナ王に、仏教の立場からの訓誡をおこなっております。もって龍樹の仏教領解の社会性がうかがわれてくるところです。そして龍樹は、その晩年には南インドに帰って没したといいます。ナーガールジュナコンダはその遺跡と伝えております。

2　龍樹の撰述

龍樹の撰述については、その基本的な立場である般若思想について明かしたものには、『中論頌』や『十二門論』などがあり、また外道の学説を論破したものとしては、『廻諍論』や『六十頌如理論』があり、また経典を註釈したものとしては、『大智度論』や『十住毘婆沙論』などがあり、またその仏道の実践論について明かしたものとしては、『菩提資糧論頌』や『宝行王正論』などがあります。その中で、ことに浄土教に関係あるものとしては、『大智度論』と『十住毘婆沙論』があります。その『大智度論』は、『大品般若経』の註釈書でありながら、それはまた広汎な仏教百科辞典的な解説をも含んだ膨大なものであり、現在では鳩摩羅什による漢訳本百巻が伝えられております。しかしながら、今日では、この論書は訳者の加筆改変の部分が多くあって、ただちに龍樹の真撰というには疑問があるといわれております。またその『十住毘婆沙論』は、『十地経』（『華厳経』十地品）の註釈書であり、その部分訳はいろいろと行なわれたようですが、現存するものは鳩摩羅什と仏陀耶舎の共訳による漢訳本のみであります。しかもそれは何らかの事情があったらしく、わずかにその初地と第二地の中途までで、それ以下は訳出されていない未完のものであります。なお最近では、この論書の著者についても疑義がだされておりますが、この『十住毘婆沙論』には、龍樹の真撰と認められる『菩提資糧論頌』や『宝行王正論』の文に類似した記述、もしくはそれらと同一の思想が見られるところからして、それは伝承のように龍樹の著作と認められてもよいと考えられましょう。その点、ことには原典が未伝であるということからして、資料的には限界があるところですが、いまはこの『十住毘婆沙論』を、龍樹の撰述と認めて、それにもとづきながら、以下その浄土教思想についての考察をすすめていくことといたします。なおそのほか龍樹の作品と伝えられるものに『十二礼』（禅那崛多訳　真聖全一、二六六〜二六七頁）という短篇があり、これは善導の『往生礼讃偈』の中に、「願往生礼讃偈」（真聖全一、六六二〜六六四頁）と名づけて引用されております。

二　『十住毘婆沙論』の梗概

1　『十住毘婆沙論』の組織

この『十住毘婆沙論』は、すでに述べたように、『十地経』の註釈書として、大乗仏教の菩薩道における十地の階位について明かすものでありますが、何らかの事情によって、その第二地の中途で終わる未完の書であります。その内容は十七巻三十五品に分かれますが、その組織、構成について図示すると次のとおりです。

『十住毘婆沙論』の組織

- 第一巻
  - 序　品　第一
  - 入初地品　第二
- 第二巻
  - 地相品　第三
  - 浄地品　第四
  - 釈願品　第五

- 初地
  - 在家菩薩道
    - 第三巻
      - 釈願品之余
      - 発菩提心品　第六
    - 第四巻
      - 調伏心品　第七
      - 阿惟越致相品　第八
    - 第五巻
      - 易行品　第九
      - 除業品　第十
    - 第六巻
      - 分別功徳品　第十一
      - 分別布施品　第十二
    - 第七巻
      - 分別法施品　第十三
      - 帰命相品　第十四
      - 五戒品　第十五
      - 知家過患品　第十六
    - 第八巻
      - 入寺品　第十七
      - 共行品　第十八
    - 第九巻
      - 四法品　第十九
      - 念仏品　第二十

- 第十巻
  - 四十不共法品　第二十一
  - 四十不共法中難一切智人品　第二十二
- 第十一巻
  - 四十不共法中難一切智人品之余
  - 四十不共法中善知不定品　第二十三
- 第十二巻
  - 讃偈品　第二十四
  - 助念仏三昧品　第二十五
  - 譬喩品　第二十六
- 第十三巻
  - 譬喩品之余
  - 略行品　第二十七
  - 分別二地業道品　第二十八
- 第十四巻
  - 分別二地業道品之余
  - 分別声聞辟支仏品　第二十九
- 第十五巻
  - 分別声聞辟支仏品之余
  - 大乗品　第三十
- 第十六巻
  - 護戒品　第三十一
  - 解頭陀品　第三十二

在家・出家菩薩道

第十七巻
解頭陀品之余
助尸羅果品　第三十三
讃戒品　第三十四
戒報品　第三十五
出家菩薩道　第二地

「易行品」の組織

難易二道判―はじめに菩薩道の初地に至ることは困難であることを示し、そのための容易な道を教えてほしいと願い、それに応えて、信方便易行の道があるといい、以下の仏道を明かします。
十方十仏章―東、南、西、北、東南、西南、西北、東北、下方、上方の、十方世界の十仏にかかわる易行道を明かします。
現在百七仏章―現在の阿弥陀仏、世自在王仏、師子意仏等の百七仏にかかわる易行道を明かします。
過未八仏章―過去の毘婆尸仏、釈迦牟尼仏、および未来の弥勒仏等の八仏にかかわる易行道を明かします。
東方八仏章―東方世界の徳勝仏等八仏にかかわる易行道を明かします。

┬三世諸仏章─過去、未来、現在の三世の諸仏にかかわる易行道を明かします。
└諸菩薩章─善意菩薩等の百四十三菩薩にかかわる易行道を明かします。
（大正二六、四〇～四五頁）

2　『十住毘婆沙論』の解説

そこでその内容のおよそを概観しますと、はじめに「序品」がおかれて、この論書を作成する意図を明かすについて、

地獄、畜生、餓鬼、人、天、阿修羅の六趣は険難にして恐怖大畏なり。この衆生は生死の大海を旋流洄復すること業に随って往来し、これその濤波は涕涙乳汁を流し、汗膿血はこれ悪水を聚む。瘡癩は乾枯し嘔血は淋瀝たり。（中略）凡夫は已来常にその中を行き、かくの如き生死の大海を往来して、いまだかつて彼の岸に到ることうるものあらず。（大正二六、二〇頁）

という冒頭の文に続いて、

もし福徳利根の者あれば、但だ直ちに是の十地経を聞きてすなわち其の義を解し、解釈すべからず。この人のためにこの論を造らず。（中略）もし人鈍根懈慢にして経文難きをもっての故に読誦するあたわず。難とは文多くして誦し難く説き難く諳じ難きこ

となり。もし荘厳語言雑飾譬喩の諸偈頌等を好楽するあれば、これらを利益するため
のゆえにこの論を造る。（大正二六、二二頁）

などといい、それはひとえに生死の迷界に流転して苦悩する、鈍根懈慢の私たち凡夫のためにこそ、開説したものであると語っております。

もともとこの論書の根拠となっている『十地経』が、在家者を対象として説かれたものであるところ、ここでもまた、まず在家者の仏道が明かされます。かくしてその「序品」に次いで、「入初地品」第二より「略行品」第二十七までが、菩薩道の初地（菩薩道五十二位中の第四十一位で、親鸞によれば、この階位が信心の開発を意味して、正定聚、不退転地の益をうるという）について語り、それ以上の「分別二地業道品」第二十八からは、菩薩道の第二地（第四十二位）について述べます。またその初地の行道については、「入初地品」第二より「入寺品」第十七までは、在家者の菩薩道が明かされ、さらに「共行品」第十八から「略行品」第二十七までは、在家者、出家者共通の菩薩道が説かれます。そして「分別二地業道品」第二十八からは、菩薩道の第二地の仏道として、出家者の行道が説かれております。そしてその「戒報品」第三十五で未完のまま終わっているわけです。

そこで、その初地についてうかがいますと、その「入初地品」第二および「地相品」第三によれば、その初地に至るならば、その人生において堪受するところが多く、諍訟を好

まず、つねに心に喜悦が多いことなどの七相が生じ、さらにはまた、深く諸法の実相を学んで、空観を成じ我執を遠離することとなり、仏道においては必定、不退転地に住し、如来の家に生まれて出世間道に入ることとなり、つねに心に歓喜が多いところから歓喜地とも呼ばれると明かしております。

そしてそのような初地に至る方法としては、在家者については、その「入初地品」第二によりますと、さまざまな善根を修めて菩提心をおこし、自利利他の誓願を発起して、多くの功徳を積重すべきことを教示しております。そしてまた、その「阿惟越致相品」第八によりますと、それについて補説し、その菩薩を惟越致（vaivartika 退転）の菩薩と、阿惟越致（avaivartika 不退転）の菩薩とに区分し、さらにその前者、いまだ不退転地、初地に至らない惟越致の菩薩については、空名のみにして何らの仏道の実践もできない敗壊の菩薩と、漸々に仏道を実践してついには不退転地に至りうる菩薩とに区分しております。その空名のみの敗壊の菩薩は別として、その漸々に精進しうる菩薩については、

菩薩は我をえず、また衆生をえず、説法を分別せず、また菩提をえず、相を以って仏を見ず、此の五功徳をもって大菩薩と名づくるをえて、阿惟越致を成ず。（大正二六、三九頁）

と明かして、不得我、不得衆生、不分別説法、不得菩提、不以相見仏の五功徳の法を行ず

べきことを教示しております。この五功徳の法とは、『如来智印経』などに示されるところのものと共通し、それは般若思想にもとづくところの、空無我観の無生法忍や無分別智による、菩提観や法身観の実践について明かすものでありますが、その行業の修習はまことに至難なものでありました。そこで龍樹は、この漸々精進の菩薩の道について、さらにその「易行品」第九には、龍樹自ら、

問うて曰わく、この阿惟越致の菩薩の初事は先に説くが如し。阿惟越致に至る者は諸の難行を行ずること久しくて乃ちうべし。あるいは声聞辟支仏地に堕す。もし爾らばこれ大衰患なり。助道法の中に説くが如し。（中略）この故にもし諸仏の所説に易行道の疾く阿惟越致地に至ることをうる方便あらば、願わくばために之を説きたまえ。（大正二六、四〇～四一頁）

と説いて、初地を求めてすすむ在家者の菩薩の行道においては、かかる五功徳の法を修習することはきわめて困難な道であることを語り、その初地に至るについて、そのほかに容易な仏道があるならば教示してほしいと自問しております。そして龍樹はそれに自答して、

汝が所説の如きはこれ儜弱怯劣にして大心あることなし。これ丈夫志幹の言にあらざるなり。（大正二六、四一頁）

などといい、きびしく呵責しながらも、なおも、

汝もし必ずこの方便を聞かんと欲せば今まさにこれを説くべし。仏法に無量の門あり。世間の道に難あり。易あり。陸路の歩行はすなわち苦しく、水道の乗船はすなわち楽しきがごとし。菩薩の道もまたかくのごとし。或は勤行精進のものあり、或は信方便易行をもって疾く阿惟越致に至るものあり。（大正二六、四一頁）

と説いて、仏法には無量の行道が教説されており、それはあたかも世間の道に陸路歩行の険難な道があり、また水路乗船の容易な道があるように、初地に至るについても、五功徳法を修習するというような困難な行道のほかに、信方便易行による、容易な行道もあると明かしております。

3 『十住毘婆沙論』における浄土教思想

ところで、この信方便易行として明かされる内容は、決していちようではなく、そこには善徳仏等の十方十仏、阿弥陀仏等の現在百七仏、毘婆尸仏等の過未八仏、徳勝仏等の東方八仏、過去未来現在の三世諸仏、および善意菩薩等の百四十三菩薩などの、きわめて多くの諸仏、諸菩薩の易行が開説されていて、阿弥陀仏についてはそれらの中の一仏として明かされているにすぎないわけであります。しかしながら、この阿弥陀仏にかかわっては、また他の諸仏、諸菩薩に比べますと、ことにはかなり詳細な論述がなされているところで

ありそしてまた「除業品」第十の冒頭には、上の「易行品」の全体の所説をうけて明かすのに、

ただ阿弥陀仏等の諸仏を憶念し、および余の菩薩を念じて阿惟越致をうる。（大正二六、四五頁）

と述べて、他の諸仏、諸菩薩をすべてこの阿弥陀仏一仏に統摂して示している点からしますと、この信方便易行の中では、浄土教、阿弥陀仏思想が、ことに重要な意味をもって理解されていたことがうかがわれるところであります。しかもまた龍樹は、その「易行品」において、阿弥陀仏に関して明かす文の中では、ことには、

無量光明慧の身は真金山のごとし、我今身口意をして合掌し稽首礼したてまつる。人よくこの仏の無量力威徳を念ずれば、即の時に必定に入る。この故に我れ常に念ず。善に従いて浄明を生ず、無量無辺数にして二足の中の第一なり。このゆえに我れ帰命す。若し人仏にならんと願じて心に阿弥陀を念ずれば、時に応じて為めに身を現わさん。このゆえに我れ帰命す。

十方現在の仏、種々の因縁をもって彼の仏の功徳を歎じたもう。我今帰命礼したてまつる。

此の福の因縁をもって獲んところの上妙の徳、願わくば諸の衆生の類皆また悉くまさ

にうべし。（大正二六、四三頁）

などと語って、龍樹自身も阿弥陀仏に対して積極的に帰命し、それを礼拝、憶念することを表白しております。その点、この『十住毘婆沙論』が、龍樹の思想を忠実に伝えていると認められるかぎり、龍樹においては、その具体的な仏道実践の場では、阿弥陀仏思想が深く受容されていたといいうるわけであります。

かくして龍樹における浄土教思想とは、主としてこの『十住毘婆沙論』の「易行品」において見られるものでありますが、それは初地に至るための菩薩の行道、ことには在家菩薩の行道として示されるものであり、またそれは般若空の思想にもとづいて明かされる、五功徳法を修習するという難行道に対して、大心なき儜弱怯劣なるものにも、実践可能な易行道として明かされるものでありました。しかしながら、その阿弥陀仏思想は、他の諸仏、諸菩薩に比べれば、比較的に主要な地位を占めるものであったことは認められるとしても、なお多くの諸仏、諸菩薩と並列的に捉えられているということは、充分に注意されるべきところでありましょう。

ところでこの龍樹における浄土教思想が、いずれの浄土経典にもとづいて成立したものであるかが問題になりますが、それについては、基本的には〈無量寿経〉であろうと理解されます。しかしながら、そのことをめぐっては、従来それが〈初期無量寿経〉によっているという説と、〈後期無量寿経〉によっているという説に分かれているところですが、この問題については、すでに先学によって明らかにされているように、「易行品」の阿弥陀仏等の百七仏章において明かされている仏名が、『サンスクリット本』の〈無量寿経〉における燃灯仏以前の過去八十仏の仏名、およびその経末の十四他方仏名と多く符号するということ、あるいはまた、その「易行品」における「阿弥陀仏讃偈」と〈無量寿経〉の章句、およびその思想的対比においても、〈後期無量寿経〉がより接近していることなどにより、いまはその後者の説をうけて、龍樹の浄土教思想は、〈後期無量寿経〉にもとづいて成立したものであろうと理解することといたします。

三　信方便易行の道

1　信方便易行の語義

かくして、龍樹における在家者の菩薩道については、その漸々精進の菩薩の行道において、難行道として般若空観にもとづく五功徳法を修習する道と、易行道としての信方便易行を修習する道の、二種の行道があるわけです。そして龍樹は、その二種の行道について、丈夫志幹たるものは、すべからく難行道をこそ選んで勤行精進すべきであって、決して怯弱下劣の心をおこして易行道を求めてはならないといいながらも、その反面において、容易にして疾く初地に至りうる道としての、易行道について解説しているわけであります。このことは、すでに上において見たように、この『十住毘婆沙論』が、ひとえに生死の迷界、煩悩の濁世に沈淪する、私たちのためにこそ開説されたものであるところからすれば、それは当然のことであって、この信方便易行なる行道とは、この『十住毘婆沙論』において明かされる在家菩薩道としては、きわめて重要な意義をもつものであったことが知られてくるところであります。そしてまた、龍樹自身も、それを求めるべきではないと語りながらも、自らはこの易行道を選びとって行ずることを表白しているわけで、龍樹の仏道領解においても、この信方便易行の道とは、きわめて重要な思想であったことがうかがわれるところであります。

そこでこの信方便易行とは、具体的にはいかなる内容を意味しているかということですが、その原語については、すでに先学によって論究が試みられて、śraddhā-upāya-sukhā-pratipad であろうと推定されております。そこでそれらの語のおのおのの意味については、まずその信（śraddhā）については、『十住毘婆沙論』の「浄地品」第四に、

信とは聞見するところあれば必ず受けて疑無きに名づく。（大正二六、二九頁）

と明かすように、聞見するところの対象について、それをまことととして信認決定し、受持領納するところの心的態度を意味し、より具体的には、のちに改めて見るところの、この易行道の根拠となる諸種の経典が説くところの教法、その諸仏、諸菩薩の本願に対する信認を意味すると考えられます。そして次の方便（upāya）とは、もともと多様な意味をもつ語であって、古来種々に分類解釈されていますが、原語的には、「向かっていく」「近づいていく」という意味をもち、名詞としては、目的に至るための「手段」とか、「方策」をあらわす語であります。いまここでも、

易行道の疾く阿惟越致地に至ることをうる方便あらば、願わくばためにこれを説きたまえ。（大正二六、四一頁）

汝若し必ずこの方便を聞かんと欲せば今当にこれを説くべし。（大正二六、四一頁）

などと明かす文における「方便」の語の用例からして、それは初地に至るための行道としての方法、あるいは手段を意味するものと理解すべきでありましょう。また易行（sukhā-pratipad）とは、この易行が、五功徳法の修習が困難な、大心なき儜弱怯劣の人々に対する方便として説かれるものである以上、それはまさしく難行に対すべきものでしょうが、その語については、また「易行道」（大正二六、四一頁）とも示されている点からして、それはたんなる行体そのものを指すというよりも、広義に解して、上の方便と同じ概念を示

すところの、易く至りうる行道ということを意味するものと理解すべきでありましょう。

次に、この「信」と「方便」と「易行」の三者の関係については、仏教独自の解釈学である六合釈《りくがっしゃく》によって見ますと、まず信と方便との関係は、それを依主釈によって信の方便と訓む説、持業釈によって信即方便と訓む説、有財釈によって信を方便とすると訓む説がありますす。その第一の依主釈によれば、信が方便の性質を規定説明することとなって、いくつかの方便の中における信の方便という意味を表わすこととなり、第二の持業釈によれば、信がただちに方便に即することとなって、信であるところの方便という意味を表わすこととなり、第三の有財釈によれば、信と方便とは形容複合詞として、ともに次の易行を形容することとなって、信を方便とするところのという意味を表わすこととなります。そこでこの三種の訓み方の中、いずれをとるかということですが、次の「除業品」第十によりますと、上の「易行品」の所明をうけて、

問うて曰わく、ただ阿弥陀仏等の諸仏を憶念し、および余の菩薩を念じて阿惟越致をうる。さらに余の方便ありや。答えて曰わく、阿惟越致地を求めるは、ただ憶念、称名、礼敬のみにあらず、また諸仏の所において、懺悔、勧請、随喜、廻向すべし。

（大正二六、四五頁）

と説いております。すなわち、そこでは「易行品」に明かすところの信方便易行を、憶念、

称名、礼敬の行道として捉えるとともに、その行道以外にも初地に至る方法があるとして、懺悔、勧請、随喜、廻向の行道を示しているわけです。そしてその行道を、前の「易行品」における行道が「信方便」といわれるに対して、「余方便」と呼んでいるわけです。その点からすると、この憶念、称名、礼敬の行道を「信方便」と呼び、それに対するに懺悔、勧請、随喜、廻向の行道を「余方便」という以上、ここでいう信方便とは、たんに信そのものを指すというよりも、内容的には憶念、称名、礼敬を意味していることがうかがわれます。かくしてこの信方便とは、実質的には、「除業品」第十における「余方便」が、懺悔、勧請、随喜、廻向を手段方便とする行道であるに対して、それは憶念、称名、礼敬を方便手段とする行道を意味していることが知られるわけで、その点からしますと、この信方便とは、有財釈の立場から「信を方便とする」と訓んで、信と方便は形容複合詞として、ともに次の易行の内容を形容、説明するものであると理解すべきであろうと思われます。すなわち、諸種の経典が説くところの教法、諸仏の本願などに対する信認を方便、手段としてと、解釈すべきでありましょう。そして次にこの信方便と易行との関係については、すでに上に見たように、その易行とは、行体そのものを指しているというよりも、それは易行道として、初地に至るための方便としての行道という意味をもつものと理解される以上、それはまた、上の理解をうけて「信を方便とする易行」と訓んで、諸仏、諸菩薩たちの本願に対する信知、信認にもとづくところの、憶念、称名、礼敬の身、口、意の三業奉行を方便手段をするところの、易くして初地に至りうる在家菩薩の行道と理解されるべきでありましょう。

2　信方便易行の内実

そこで次に、その信方便易行といわれるところの、その易行とは、いったいいかなる行業をいうものであるかが問題になります。そのおよその結論は、すでに上において見たように、憶念、称名、礼敬と考えられますが、先学の理解によれば種々なる見解に分かれております。いまそれらを大略分類しますと、次のようになります。

（1）名号易行説……名号をもってただちに易行とする説
（2）信心易行説……信心をもって易行とする説
（3）称名易行説……称名をもって易行とする説
（4）信称易行説……信心と称名の両者をもって易行とする説
（5）三業奉行説……憶念、称名、礼敬の三業奉行をもって易行とする説

従来の見解は以上のとおりですが、いま改めて、その内容について検討いたしますと、その「易行品」において、初地、不退転地に証入するための方法手段として明示されている

文章を摘出いたしますと、およそ次のようなものがあげられます。

一、聞名不退を明かす文

（1）若し善男子善女人この仏名を聞きて能く信受するものはすなわち阿耨多羅三藐三菩提を退せず。（大正二六、四一頁）

（2）若し人ありてこの諸仏の名を説くを聞くことをうればすなわち無量の徳をえん。（大正二六、四二頁）

（3）若し人名を聞くものはすなわち不退転をうる。（大正二六、四二頁）

（4）名を聞くものは不退をうる。（大正二六、四二頁）

（5）それ名を聞くことあるものはすなわち不退転をうる。（大正二六、四二頁）

（6）名を聞くものは不退をうる。（大正二六、四二頁）

（7）名を聞けば定んで作仏せん。（大正二六、四二頁）

（8）この十仏の名号を聞きて執持して心におけば、すなわち阿耨多羅三藐三菩提を退せざることをうる。（大正二六、四二頁）

二、称名不退を明かす文

（1）若し人疾く不退転地に至らんと欲うものはまさに共敬心をもって執持して名号を称すべし。（大正二六、四一頁）

（2）若し菩薩この身において阿惟越致地に至ることをえて阿耨多羅三藐三菩提を成就せんと欲わば、まさにこの十方諸仏を念ずべし。その名号を称すること宝月童子所問経の阿惟越致品の中に説くがごとし。（大正二六、四一頁）

（3）若し人一心にその名号を称すればすなわち阿耨多羅三藐三菩提を退せざることをえん。（大正二六、四二頁）

（4）それ名を称することあるものはすなわち不退転をうる。（大正二六、四二頁）

（5）名を称して一心に念ずればまた不退転をうる。（大正二六、四二頁）

（6）またさらに恭敬し礼拝してその名号を称すべし。（大正二六、四二頁）

（7）若し人我を念じ名を称して自ら帰すればすなわち必定に入りて阿耨多羅三藐三菩提をうる。（大正二六、四三頁）

三、憶念、礼敬不退を明かす文

（1）人よくこの仏の無量力威徳を念ずれば即時に必定に入る。（大正二六、四三頁）

（2）みなまさに憶念し礼拝すべし。（大正二六、四三頁）

（3）またまさに憶念し恭敬し礼拝すべし。（大正二六、四四頁）

（4）尽くまさに総念し恭敬し礼拝すべし。（大正二六、四四頁）

（5）みなまさに憶念し恭敬し礼拝して阿惟越致地を求むべし。（大正二六、四五頁）

そこで以上の文によって考察いたしますと、ここで初地に証入するための方法手段、すなわち信方便易行の具体的な行業として明かされているものは、聞名と称名と憶念と礼敬（礼拝・恭敬）の四種であります。そしてここで注意されるべきことは、信方便易行と呼ばれながらも、信をもってただちに易行道の内容として示す文は明確には見られないということです。もとより「この仏名を聞きてよく信受するものは、すなわち阿耨多羅三藐三菩提を退せず」（大正二六、四一頁）という文には、明らかに信受の語が見られますが、これはその本文において明瞭なように、『宝月童子所問経』にもとづくものであって、内容的には聞名不退を説いているわけであります。また「信心清浄なるものは華開いてすなわち仏を見る」（大正二六、四三頁）という文にも信心の語が見られますが、この信心清浄とは、易行道の内容を示すものというよりも、その果徳としての、煩悩垢濁を遠離した見仏の境地としての不退転地の内実を意味するものでありましょう。そのほか「念我」（大正二六、四三頁）「心念」（大正二六、四三頁）などの語も見られますが、それらはむしろ憶念に近いもので、ただちに信を意味するものとは思われません。ここで信方便ということは、すでに上において明かしたように、諸経に教説されるところの、諸仏、諸菩薩の、聞名不退を誓った本願に対する信認を意味するものにほかなりません。

そしてまた、いまひとつ注意されることは、その称名不退を明かす文については、上に掲げたところの偈頌の文である（4）の文を除くほかは、すべて憶念もしくは、それと同様な意味をもつと理解される「念」とか「一心」とかの語、もしくは礼拝、恭敬の語が附せられていて、称名はそれ自身独立したものではなく、憶念および礼敬と一連のものとして理解されていると考えられることであります。そのことは、すでに上にも引用したところの「除業品」第十の文において、上の「易行品」の開示をうけて、

阿惟越致を求めるは、ただ憶念、称名、礼敬のみにあらず、また諸仏の所において懺悔、勧請、随喜、廻向すべし。（大正二六、四五頁）

と示して、信方便易行の内容を、憶念、称名、礼敬の身口意の三業の奉行として明かしているところから見ますと、いっそう明瞭となります。かくして、この信方便易行の具体的な内実としては、より明確には、ひとり聞名として示すものと、憶念、称名、礼敬の三業の奉行を一連のものとして示すものとの、二種類に要約することができるわけであります。そこでこの両者、すなわち、聞名と憶念、称名、礼敬の三業奉行との関係ですが、それに

ついて明らかにする文章は、ここでは真接には見あたりません。

四　聞名不退の思想

1　聞名不退の思想的根拠

そこでまず、その聞名不退の思想的根拠について検討いたしますと、そのような思想は、すでに初期の大乗経典に種々と説かれているところでありまして、いまの信方便易行の道が、本質的には聞名不退の道であるということは、この「易行品」開説の思想的根拠となっている諸経典が、聞名による不退、得益を説いていることによっても明らかにうかがわれるところであります。すなわち、善徳仏などの十方十仏章は、その文に『宝月童子所問経』の「阿惟越致品」にもとづくものであると示されていますが、この経典に関連するものと推定される現存の『大乗宝月童子問法経』を検しますと、そこには、

もし衆生ありて、刹那の間を経て須臾の間に至るまで、我が十仏の名号を聞き、聞きおわりて恭敬し、受持し、書写し、読誦し、広く人のために説けば、所有の五逆等、一切の罪業は悉くみな消除し、また地獄に堕し焔魔羅界に傍生せず、無上正等正覚に

おいて速かに不退をうる。（大正一四、一〇九頁）

などとあって、十方十仏の名をあげて、これらの仏名を聞いて、恭敬、受持、書写、読誦、広説などの行業を修習すれば、一切の業障ことごとく消除して、すみやかに不退転地をうることができると説いております。またその徳勝仏などの東方八仏章は、支謙訳の『八吉祥神呪経』などに説かれるものに共通し、この経典に依拠したものであろうことが知られますが、そこでも、

もし善男子善女人ありて、この八仏および国土の名を聞きて、受持し、奉行し、諷誦し、広く他人のためにその義を解説すれば、（中略）この人ついに羅漢辟支仏の道をとるを望まずして般泥洹し、必ずまさに無上平等の道を逮得すべし。（大正一四、七二頁）

などといって、この八仏の名号およびその国土の名を聞いて、受時、奉行、読誦、解説するならば、やがて無上正等覚の道に進みうると明かしております。そしてまた阿弥陀仏などの現在百七仏章は、すでに上においても指摘したように、その仏名が、〈無量寿経〉（サンスクリット本）の燃灯仏以前の過去八十仏名、および経末の十四他方仏名と多く符号すること、あるいはまた、その「阿弥陀仏讃偈」についての比較対照においても、それは〈後期無量寿経〉にもとづいて明かされたものであろうと考えられます。とすれば、すでに別に考察したように、その〈初期無量寿経〉においては、不善作悪者の道として聞名にもと

づく行道が説かれており、また〈後期無量寿経〉に至ると、ことにその聞名思想がより強調されてくることとなり、聞名不退の思想についても、『無量寿経』の第四十七願および第四十八願には、

たとい我仏をえんに、他方国土の諸の菩薩衆、我が名字を聞きて、すなわち不退転に至ることをえざれば正覚をとらず。

たとい我仏をえんに、他方国土の諸の菩薩衆、我が名字を聞きて、すなわち第一第二第三法忍に至ることをえず、諸の仏の法においてすなわち不退転をうることあたわずば正覚をとらず。（真聖全一、一三頁）

と明かし、またその『サンスクリット本』の第四十六願および第四十七願には、

もしも、世尊よ、わたくしが覚りを得たときに、かしこの仏国土とその他の諸仏国土において、わたくしの名を聞くであろう菩薩たちが、名を聞くと同時に、無上なる正等覚から退転しない者とならないようであるならば、その間は、わたくしは無上なる正等覚をさとりません。

もしも、世尊よ、わたくしが覚りを得たときに、かしこの仏国土において、わたくしの名を聞くであろう菩薩たちが、名を聞くと同時に、第一、第二、第三の認知（忍）を得ず、仏のもろもろの法より退転しない者とならないようであるならば、その間は、

わたくしは無上なる正等覚をさとりません。（藤田宏達訳『梵文和訳・無量寿経・阿弥陀経』七二～七三頁）

と説くところであります。その点、いまの「易行品」における阿弥陀仏などによる信方便易行、すなわち、その聞名不退の行道が、これらの経典にもとづいて開説されたものであろうことは明らかでありましょう。

かくしてそれらの点からしても、この信方便易行の道とは、より本質的には、聞名不退の行道を意味するものであることが明瞭であります。

そしてまた龍樹は、その『十住毘婆沙論』の「釈願品」第五において、

仏名を聞けば必定に入るとは、仏に本願あり、もし我が名を聞けばすなわち必定に入る。仏を見るがごとく、聞くこともまた是のごとし。（大正二六、三三一頁）

仏名を聞けば往生をうるとは、もし人信解力多くして諸の善根成就し、業障礙すでに尽く、かくのごときの人は仏名を聞くことをうる。またこの諸仏の本願と因縁とのゆえにすなわち往生をうる。（大正二六、三三三頁）

と明かしておりますが、それによれば、聞名によって初地、不退転地に証入し、あるいはまた往生しうるということが成立するのは、ひとえに仏において聞名不退、聞名往生の本願があるからであるというわけです。すなわち、この信方便易行としての聞名不退の行道

は、まさしく仏の本願に支持されてこそ成立するものであるというわけです。「易行品」の十方十仏章において、『宝月童子所問経』にもとづき、東方の善徳仏の本願を讃えて、

宝月よ、その仏の本願力のゆえに、もし他方の衆生あって先の仏の所において諸の善根を種えんに、この仏ただ光明の身に触れるをもってすなわち無生法忍をうる。宝月よ、もし善男子善女人にして、この仏名を聞きてよく信受すれば、すなわち阿耨多羅三藐三菩提を退せず。余の九仏の事も皆またかくのごとし。（大正二六、四一頁）

と語って、十方十仏が、その各々において、触光得忍と聞名不退の本願を建立していることを説き、またその百七仏章においても、

この諸の仏世尊は、現に十方の清浄世界にありて皆名を称し憶念せしむ。阿弥陀仏の本願もかくのごとし。もし人我を念じ名を称して自ら帰すれば、すなわち必定に入りて阿耨多羅三藐三菩提をうる。（大正二六、四三頁）

と説いて、憶念、称名による不退の道が、阿弥陀仏などの本願によって誓われた行道であると明かしているものは、いずれもそれに共通する理解でありましょう。ここで阿弥陀仏の本願が聞名不退でなくて称名不退の道を誓っていると明かすについては、問題が残るところであって後に至ってふれねばなりませんが、ともあれ龍樹においては、この聞名不退の道、さらには信方便易行の道が、ひとえに仏の本願によって誓われた行道であり、その

仏願に支持されて成立する行道であると理解されている点は、特に注目すべきことでありましょう。

2　三業奉行の相続

そこでこのように信方便易行の道が聞名不退の道であるとするならば、この「易行品」では、何ゆえにそれの具体的な行業として、憶念、称名、礼敬の三業奉行の道を明かしているのでしょうか。ことにその中でも称名の思想は特色ある思想として注意すべきものでありますが、現存の『大乗宝月童子問法経』には、上にも見たように、聞名の思想とそれにかかわる恭敬、受持の思想はあるとしても、称名の思想は見当りません。なおまた〈無量寿経〉についても、〈初期無量寿経〉〈後期無量寿経〉を通じて、聞名思想を見ることができ、ことにその〈後期無量寿経〉においては、その聞名不退の思想がいっそう強調されているところですが、称名思想については、〈初期無量寿経〉にわずかに見られるのみでありますす。すなわち、『大阿弥陀経』によりますと、

仏ののたまわく、なんじ、起ちてさらに袈裟を被って西に向いて拝し、日の所没の処にあたりて阿弥陀仏のために礼を作し、頭脳をもって地に著けて、南無阿弥陀三耶三仏檀といえと。阿難もうさく。諾。教えを受けてすなわち起ち、さらに袈裟を被って

西に向いて拝し、日の所没の処にあたりて弥陀仏のために礼を作し、頭脳をもって地に著けて、南無阿弥陀三耶三仏檀という。阿難いまだ起たざるに、阿弥陀仏すなわち大いに光明を放ちて、威神すなわち八方上下の諸の無央数の仏国に遍し、（中略）心大いに歓喜し踊躍して、悉く起ちて阿弥陀仏のために礼をなし、頭脳をもって地に著けて、皆南無阿弥陀三耶三仏檀という。阿弥陀仏の国より放てる光明威神、諸の無央数の天人および蜎飛蠕動の類、皆悉く阿弥陀仏の光明を見るをもって慈心歓喜せざるものはなし。諸有の泥犁、禽獣、薜荔、諸有の拷治勤苦の処、すなわち皆休止して復治せず。憂苦を解脱せざる者なし。（中略）この時にあたりて歓喜善楽して過度をえざるものなし。（真聖全一、一七九～一八〇頁）

と説き、また同じ〈初期無量寿経〉に属する『平等覚経』にも、同意の文が見られるところであります。それらによりますと、『大阿弥陀経』では「南無阿弥陀三耶三仏檀」と唱称し、『平等覚経』では「南無無量清浄平等覚」または「南無無量清浄三藐三仏陀」と唱称したといい、この称名の功徳によって、阿弥陀仏とその国土を見たと明かし、またその光明を見るものは、ことごとく憂苦を解脱して種々の福徳利益をえたと説いております。しかしながら、〈後期無量寿経〉においては、それに相当する文はまったく見られないところから、この称名思想がはたして原始浄土教における固有の思想であったかどうかは、疑問の残るところであり、今日では〈無量寿経〉には、もともと称名思想は存在しなかったといわれ、その〈初期無量寿経〉に見られる称名思想は、その漢訳の際に付加されたものであろうといわれております。その点、上に見た「易行品」の百七仏章において、阿弥陀仏の本願を明かすについて称名が語られることは、〈無量寿経〉諸本によるかぎり、その根拠については問題があるといわねばなりません。かくして、この聞名思想にもとづいて明かされている信方便易行の行道において、その聞名不退の行道の具体的な実践行として、憶念、称名、礼敬の三業奉行の行道が説かれるに至った必然性、ないしはその明確な思想的根拠は充分には捉えがたいところであって、それは龍樹自身の浄土教理解を通して、新たに創唱されたものではなかろうかともうかがわれるところであります。

その点、もしも大胆な推測が許されるとすれば、〈初期無量寿経〉の行道においては、それぞれの行道にしたがって、その修習すべき善根の内容がきわめて具体的に明示されていたのに対して、〈後期無量寿経〉においては、その行道思想の展開として、聞名不退、聞名往生、聞名得益とは説くとしても、そういう聞名という特殊なる宗教的体験が、いかにして成立してくるものか、まったく教説されてはおりません。その点、この〈無量寿経〉の教法を信受して、その行道を具体的に実践奉行しようとする場合には、当然に問題となるところでありまして、現実にこの浄土教の行道を実践していくためには、新しく修習すべき行業を規定していかねばならなかったわけでありましょう。ここにこの〈後期無量寿経〉を継承する浄土教が担うべき新しい課題があったわけで、龍樹が、この「易行品」において、その聞名の道を展開せしめて、憶念、称名、礼敬の三業奉行の行道を創唱し、さらにはまた、そののちの天親が、その『浄土論』において、新しく礼拝、讃歎、作願、観察、廻向の三業にわたる五念門行の行道を設定したのは、いずれもその課題にこたえたものではなかろうかと思われるところであります。

かくして、龍樹においては、聞名して不退転地に至るということ、その聞名という宗教的な体験は、礼拝、称名、憶念という身、口、意の三業を、日々不断に、生活習慣行として相続していくことにおいて成立するものであって、その三業奉行と聞名との関係は、その三業の実践を方便、手段としてこそ、聞名という宗教的な体験がよく成立してくるということでありました。(『浄土教理史—真宗学シリーズ3』一一二頁以下参照)その点、その行道は、在家者にとってもまことに修習し易い行道で、まさしく易行道といわれるゆえんでもありましょう。しかもまた、その聞名ということは、より具体的には、『大阿弥陀経』では、その第四願文の成就文において、

それ人民、善男子善女人ありて阿弥陀仏の声を聞きて。(真聖全一、一四二頁)

と明かし、またその弥勒菩薩の領解の文においても、

いま我曹、仏と相い見ゆることをえて、阿弥陀仏の声を聞くことをえたり。（真聖全一、一七〇頁）

今日仏と相見え、ともに会値して、ここにすなわち阿弥陀仏の声を聞くこと、はなはだ快善なり。（真聖全一、一七〇頁）

などと明かし、またその流通分の弥勒菩薩付属の文においても、

すなわちまさに阿弥陀仏の声を聞くものは、はなはだ快し。（真聖全一、一八二頁）

それ善男子善女人ありて、阿弥陀仏の声を聞き、慈心歓喜して一時に踊躍し心意浄潔に。（真聖全一、一八二頁）

それ人民、男子女人ありて阿弥陀仏の声を聞きて。（真聖全一、一八二頁）

などと明かしております。そしてこのような文章は、『平等覚経』の同じ相当箇所にも、同じ意趣の文が説かれているところでありまして、この聞名、阿弥陀仏の名号を聞くということは、より具体的には、「阿弥陀仏の声を聞く」ということを意味していることが知られます。そのことについては親鸞も注目しており、その「真仏土文類」に、この『大阿弥陀経』の第四願文の成就文を引用し、この「阿弥陀仏の声を聞く」の「声」に、「ミナ」（真聖全一、一二三頁）と仮名を付しているところであります。その「阿弥陀仏の声を聞く」ことと、聞名とは同じことだというわけです。

3　信心清浄の道

そしてまた、そのように阿弥陀仏の声を聞くということ、すなわち、その礼拝、称名、憶念という三業奉行の日々の相続によって、阿弥陀仏の私に対する告名（なのり）、招喚（まねき）の声を、まさしく聞いたと実感、体験できるならば、『大阿弥陀経』では、上に見たところの「流通分」の弥勒菩薩付属の文に、「慈心歓喜して一時に踊躍し心意浄潔」（真聖全一、一八二頁）になると明かしており、また『平等覚経』の「流通分」の弥勒菩薩付属の文においても、「慈心歓喜して一時に踊躍し心意清浄」（真聖全一、一三二頁）となると説いておりますが、この「慈心歓喜」とは、その文を『無量寿経』『如来会』、さらにはまた『サンスクリット本』に照合しますと、明らかに「心の澄浄」（citta-prasāda）としての真実信心を意味することが知られます。（『浄土三部経―真宗学シリーズ6』一二九頁以下参照）かくして、ここでいうところの「聞名」、すなわち「阿弥陀仏の声を聞く」ということは、それがまさしく聞こえた、聞くことができたという境地、そういう出世的、宗教的な体験とは、真宗の仏道がめざしているところの究極的な体験であって、それはまさしく真実信心を意味するものにほかなりません。

かくして、龍樹によりますと、大乗経典に説くところの聞名不退、聞名往生の行道の教説とは、聞名、すなわち、まことの阿弥陀仏の声を聞くことができるならば、ただちに心澄浄なる出世的、宗教的な体験、真実信心を開発するという道を意味するものでありました。

すなわち、この〈無量寿経〉が教説しているところの本願の行道、その聞名不退、聞名往生の道とは、ひとえに阿弥陀仏の「名号」を聞くこと、それはより具体的には、「阿弥陀仏の声を聞く」ことであって、その阿弥陀仏の声を聞いて、心澄浄、真実信心を開発するならば、現生において、ただちに初地、不退転地をうるという道でありました。かくして龍樹が、いまこの「易行品」において明かすところの信方便易行とは、このような〈無量寿経〉の不善作悪者のための聞名の行道を継承していることは明らかでありましょう。ことにその「易行品」第九では、龍樹は阿弥陀仏の本願文に注目し、さらにはまた、ことさらには阿弥陀仏についての讃偈までも作成しているところであります。そして龍樹がその「阿弥陀仏讃偈」の中で、

もし人善根を種えて疑えばすなわち華開けず、信心清浄なる者は、華開けてすなわち仏を見る。（大正二六、四三頁）

と説いているのは、このような信方便易行の行道を集約したものであって、聞名して礼拝、称名、憶念の三業、その善根を修習し、日々それを相続していくならば、やがて信心清浄

となって、究極的なまことの聞名体験が成立し、仏を見る、阿弥陀仏に値遇することができるというわけであります。龍樹が、その易行道の中でも、ことに阿弥陀仏の本願の行道に注目していたことが知られるところです。

以上が、この『十住毘婆沙論』が説くところの、信方便易行なる易行道、聞名不退の仏道の基本的な内実であります。

五　龍樹浄土教の行道

かくして龍樹の浄土教、ことにその浄土への行道思想とは、〈無量寿経〉にもとづいて明かされた聞名不退の道としての、信方便易行の道でありました。しかしながら、その〈無量寿経〉における聞名不退の教説は、より具体的には、「阿弥陀仏の声を聞く」ということですが、この〈無量寿経〉において、そのような聞名体験、阿弥陀仏の声を聞くという宗教的な体験は、私たちにとっていかにして成立してくるものか、〈無量寿経〉それ自身は、まったく教説してはおりません。これでは〈無量寿経〉における経説の不徹底というほかはありません。そこでそのような〈無量寿経〉の欠陥、問題点について、龍樹の『十住毘婆沙論』の「易行品」第九は、見事に補説しているわけでありまして、〈無量寿経〉における聞名不退、聞名往生という仏道は、龍樹の「易行品」における礼拝、称名、憶念なる三業奉行の設定、その主張において、よく成立、完結することとなるわけであります。すなわち、〈無量寿経〉が教説するところの行道は、ひとえに龍樹の新しい三業奉行の創設によってこそ、まさしく成立、成就したといいうるわけであります。

かつて私が若い頃、数人の学友とともに、毎月、名古屋大学教授（元龍谷大学教授）の上田義文先生を囲む学習会を続けておりましたが、その席上で、私が上に述べたような〈無量寿経〉と龍樹の『十住毘婆沙論』の関係を申したところ、先生が突然に大きな声で、「ああそうか。〈無量寿経〉は龍樹が書いたものだな」といわれて驚いたことがあります。上田先生は日頃、大乗経典とは、よほどの深い仏の「さとり」を開いた人物が書いたものであろうといわれておりましたが、この〈無量寿経〉は龍樹によって作成されたものであり、その未完の部分にかかわって、その「易行品」第九の三業奉行の思想が語られたといわれるわけであります。まことに大胆な指摘でありますが、いまは先生から頂戴した数多くの学恩を感謝するとともに、その時の先生の発言を、懐しく思いおこしながら、あるいはそうかも知れない。龍樹が〈後期無量寿経〉を書き、その思想的な展開の中で、この「易行品」が説かれたのではないかとも思うことです。その伝記によると、龍樹は龍宮におもむいて、多くの大乗経典を授けられて帰ってきたといいますが、それはこういうことを意味するものかも知れません。

ともあれ、浄土真宗における聞名不退、聞名往生なる浄土の行道は、このような〈無量寿経〉における聞名の思想、その「阿弥陀仏の声を聞く」という教説と、それを継承して、そのための方法、手段として明かされた、龍樹による礼拝、称名、憶念の三業奉行の創設においてこそ、よく成立したものであることは、真宗教徒たるもの、よくよく認識すべきところでありましょう。

六　親鸞における領解

親鸞は、このような〈無量寿経〉における聞名不退、聞名往生の道と、それにかかわって龍樹によって創唱されたところの『十住毘婆沙論』「易行品」の三業奉行の主張については、かなり早い時機から充分に認識していたと思われます。（『真宗求道学―真宗学シリーズ5』一一二頁以下参照）そのことは、親鸞が法然の門下に入室したころには、すでにその称名念仏をめぐって、一念義と多念義の対立が生まれておりましたが、親鸞は、その何れの主張にも与したとは考えられません。もしも親鸞が、その頃すでに、この聞名の思想を充分に領解していたとするならば、親鸞にとっては、称名念仏とは、たんに私から仏に向って一方的に称唱するものとして、一念か多念かといって論争されるべきものではなく、そのまま仏から私に向う「阿弥陀仏の声」として、心深く聞かれるべきものであったはずであります。

親鸞が、建長七年（八十三歳）から八年にかけて作成されたと思われる、隆寛の『一念多念分別事』の註解書『一念多念文意』に、善導の『往生礼讃』の文を註釈するについて、

称は御なをとなふるとなり、また称ははかりといふこころなり、はかりといふは、もののほどをさだむることなり。名号を称すること、とこえひとこえ、きくひと、うたがふこころ一念もなければ、実報土へむまるとまふすこころなり。（真聖全二、六一九頁）

と明かす文は注目されるところです。すなわち、ここでは、「名号を称すること、とこえひとこえ、きくひと」と明かして、称することは聞くこと、称名とは聞名であるということを語っております。ところで親鸞は、この『往生礼讃』の文を引用するについては、善導の著作集の中のものではなくて、あえて唐の智昇が編集したところの、『集諸経礼懺儀』（大正四七、四五六頁以下）の巻下におさめられている文を引用します。なぜでしょうか、善導の著作集の文によりますと、「乃称名号下至十声一声等」（真聖全一、六四九頁）とあるものが、この智昇編の文では、「乃称名号下至十声聞等」（大正四七、四六六頁、註記）となっ

て、ここでは「一声」が欠けて、そこに「聞」という字が入っております。いま親鸞が、あえてこの智昇編の文を引いたのは、この「聞」の字義に注目したからでありましょう。親鸞にとっては、すでに上においていろいろと論究したように、私が阿弥陀仏に向って称える念仏とは、それはそのまま、阿弥陀仏が私に向って告名し、招喚しつつあるところの、「阿弥陀仏の声」として聞かれるべきものであったわけであります。だからこそ、この『往生礼讃』の文を引用するについては、あえて智昇編の「乃称名号下至十声聞等」の文を用いたものでありましょう。

親鸞は、その「行文類」においても、同じく智昇編の『往生礼讃』の文を引用して、

名号を称すること下至十声聞等に及ぶまで。(真聖全二、三四頁)

と明かし、またその『尊号真像銘文』においても、『観念法門』の文の「称我名字下至十声」の文を釈すについて、その「略本」では、

下至といふは、十声にあまれるもの、一念、二念聞名のもの。(真聖全二、五六八頁)

といい、またその「広本」では、

下至といふは、十声にあまれるもの、聞名のものおも。(真聖全二、五八九頁)

と明かしております。それらは何れも、まことの称名とは、そのまま聞名となるべきもの、私から仏に向う私の称名は、そっくりそのまま、それは仏から私に向う仏の称名、仏の私

に対する告名（なのり）、招喚（まねき）の声にほかならないと思いあたり、そのように味解できるようになること、すなわち、称名が聞名という究極的な体験となるべきことを教示するものであります。もって親鸞における聞名不退、聞名往生の道、その称名と聞名の関係が、よくよくうかがわれるところであります。

かくして、親鸞によって開顕されたところの真宗の行道とは、その〈無量寿経〉の本願において開示された、聞名不退、聞名往生の道と、その聞名体験成立の具体的な実践論として開説されたところの、龍樹の『十住毘婆沙論』「易行品」における礼拝、称名、憶念なる三業奉行の行業において成立、成就したものでありました。しかしながら、そのような真宗の行道は、その後のインド浄土教、中国浄土教においては、まったく注目されることはありませんでした。ただそのことが日本の源信によっていささか発掘されることとなったわけでありましたが、まさしくはこの親鸞によって、はじめて明確に開顕されることとなったわけであります。すなわち、龍樹が没してより千年にして、ようやくその教説が「日の目」を見ることとなったわけであります。そしてまた、親鸞没してより七百五十年にして、いままた、その真宗の行道が、そのような三業奉行にもとづくところの聞名不退、聞名往生の道として、はじめてここに開示されたわけであります。真実というものが明確に開顕されるということが、いかに希有なことであり、それに値遇するということも、またいかに至難なことであるかを改めて思うことであります。

親鸞は、この龍樹によって開示されたところの、三業奉行の道を明確に領解しているところでありまして、その『高僧和讃』の龍樹章には、

不退のくらいすみやかに　えんとおもはんひとはみな
恭敬の心に執持して　弥陀の名号称すべし（真聖全二、五〇二頁）

と明かすところです。この文は、その『十住毘婆沙論』「易行品」第九の、

もし人疾く不退転地に至らんとおもうものは、まさに恭敬心をもって執持し名号を称すべし。（大正二六、四一頁、「行文類」真聖全二、一一頁）

という文に依拠しているところでありまして、その「恭敬心」が礼拝、憶念を意味し、さらには称名の三業奉行を教示していることは明らかでありましょう。親鸞は、龍樹の浄土教思想を的確に継承しているところであって、そのことはその「行文類」の所明をうかがうならば、きわめて明確に承認されるところであります。

第三章　天親『浄土論』

一　天親の生涯とその撰述

1　天親の生涯

インド浄土教の先師には龍樹とともに天親があります。天親はその原名をVasubandhuといい、訳して天親と呼び、また世親ともいいます。その生存年代は、龍樹におくれること約二百年、紀元三二〇年ごろより四〇〇年までと推定され、北インド、現在のパキスタンのペシャワールの出身です。その生涯については、部派仏教の説一切有部の教団に属して出家し、有部系の教学を研鑽して『阿毘達磨倶舎論』を作成いたしました。しかしそののち、兄の無《む》着《じゃく》（Asaṅga）に導かれて大乗仏教に転向し、瑜伽唯識の教学を学び、その唯識教学にかかわる多くの論書を述作して、瑜伽教学の組織化に重要な役割をはたしました。そしてまた天親は、当時のグプタ王朝の支持もえて、その大乗仏教の宣布、民衆に対する教化にも尽力したといいます。

2　天親の撰述

天親の撰述については、今日に多く伝えられていますが、その中では、かつて属したところの有部教学の立場から論述したところの、上にあげた『阿毘達磨倶舎論』があり、またその基本的な立場としての唯識教学の関係では、『唯識二十論』、『唯識三十頌』、『大乗五蘊論』をはじめとして、『摂大乗論釈』、『大乗荘厳経論釈』、『中辺無別論釈』などがあります。そしてまた大乗仏教教義一般についての論述としては、『大乗成業論』、『仏性論』があり、経典の註釈書としては、『十地経論』、『無量寿経優婆提舎願生偈』（略称して『浄土論』『往生論』という）、『妙法蓮華経優婆提舎』『宝髻経四法憂波提舎』など多数があります。その中で浄土教に関係あるものは『無量寿経優婆提舎願生偈』です。

その点、天親の浄土教思想に関して考察するについては、この『浄土論』によるほかはありませんが、その原典は未伝で、菩薩流支訳の漢訳本のみが今日に伝わっているわけです。かくして資料的には限界があることを充分に承知しながらも、以下この『浄土論』にもとづいて、天親における浄土教思想をうかがっていくことといたします。

二　『浄土論』の梗概

1　『浄土論』の組織

そこでその『浄土論』の組織については、それを図示いたしますと、およそ次のようになっております。

『浄土論』の組織

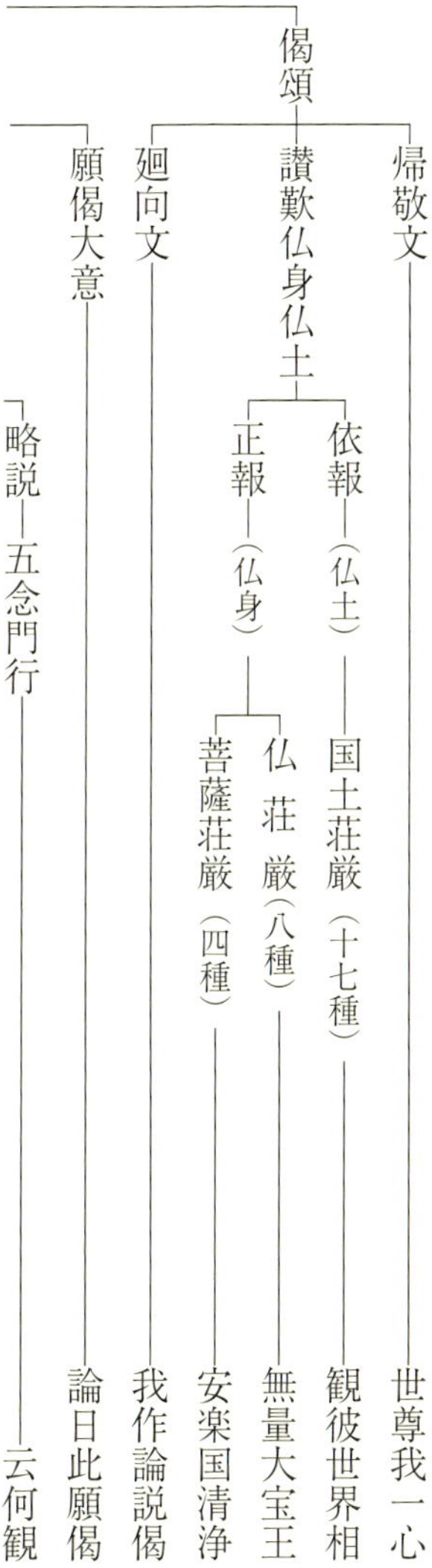

- 長行
  - 往生の行道
    - 広説
      - 観察門 ―（国土荘厳・仏荘厳・菩薩荘厳）― 云何観察
      - 廻向門 ― 如是菩薩
      - 信心成就 ― 浄土往生 ― 菩薩如是
  - 成仏の行道
    - 略説
      - 五果門行 ― 復有五種門
    - 広説
      - 入 ― 自利行 ― 入第一門
      - 出 ― 利他行 ― 出第五門
      - 速得成仏 ― 菩薩如是

三種荘厳の内容

- 1 清浄功徳
- 2 無量功徳
- 3 性功徳
- 4 形相功徳
- 5 種種事功徳
- 6 妙色功徳
- 7 触功徳

- 国土荘厳（十七種）
  - 8 三種功徳
  - 9 雨功徳
  - 10 光明功徳
  - 11 妙声功徳
  - 12 主功徳
  - 13 眷属功徳
  - 14 受用功徳
  - 15 無諸難功徳
  - 16 大義門功徳
  - 17 一切所求満足功徳
- 仏荘厳（八種）
  - 1 座功徳
  - 2 身業功徳
  - 3 口業功徳
  - 4 心業功徳
  - 5 大衆功徳
  - 6 上首功徳

7主功徳
8不虚作住持功徳

菩薩荘厳（四種）
1不動而至功徳
2一念普照功徳
3無相供養功徳
4示法如仏功徳

（大正二六、二三〇～二三三頁、真聖全一、二六九～二七八頁）

2　『浄土論』の解説

この『浄土論』とは、すでに上に述べたように、正式な名称としては、『無量寿経優婆提舎願生偈』といいます。その名称の意味は、〈無量寿経〉の経説について「優婆提舎」（upadeśa）し、その教示にしたがって、阿弥陀仏の浄土に往生したいと願う思念を表白したところの「願生偈」、ということをあらわします。

そこで先ず、その〈無量寿経〉とはいかなる経典を指すのでしょうか。漢訳した〈無量寿経〉と呼ばれうる経典としては、浄土の三部経である〈無量寿経〉と『観無量寿経』と〈阿弥陀経〉があります。そこでより具体的には、その中のいずれを指すかですが、従来の研究によれば、その見解は種々に分かれております。

ところで先ず、中国の曇鸞によりますと、その『往生論註』において、〈無量寿経〉について明かすのに、

　無量寿とは是れ安楽浄土の如来の別号なり。釈迦牟尼仏王舎城及び舎衛国に在して、大衆の中にして無量寿仏の荘厳功徳を説きたまへり。（真聖全一、二七九頁）

と述べており、それは王舎城および舎衛国において説かれた経典として、浄土の三部経を意味すると理解していたことが知られます。また親鸞も、その『尊号真像銘文』に、そのことをうけて、

　いま修多羅とまふすは大乗なり。小乗にはあらず。いまの三部の経典は大乗修多羅也。この三部大乗によるとなり。（真聖全二、五八五頁）

と明かしております。ただし、智光の『無量寿経論釈』によると、『無量寿経』二巻を意味すると理解していたようであります。

なお伝統の真宗教学の解釈においては、通常には「総依三部経別依無量寿経」といってきましたが、慧海の『浄土論啓蒙』（真叢五、七四頁）はその説を支持し、また浄土宗の良忠の『無量寿経論註記』巻第二（浄全一、二七三頁）によると『観無量寿経』だといい、また法霖の『浄土論偈遊刃記』（真全六二、四四頁）には『阿弥陀経』だと主張しております。

かくして現代の研究者もまた、それぞれに分かれて、この説を支持しているところです。しかしながら、すでに『浄土三部経―真宗学シリーズ6』において論じたように、『観無量寿経』はインドにおいて成立したものとは考えられないわけで、それを所依として撰述されたとはいいがたいところです。そしてまた、『阿弥陀経』についても、その『浄土論』が、浄土の三厳二十九種の荘厳相を明かすところなどからすると、その所依経典を『阿弥陀経』と主張することは、かなりの無理があるようです。その点からすれば、消極的な理由からではありますが、その所依の経典とは、〈無量寿経〉というべきであろうと考えられます。ことに天親がその『浄土論』において、

仏の本願力を観ず。（大正二六、二三一頁）

此の三種の成就は願心をもって荘厳す。（大正二六、二三二頁）

などと述べて、阿弥陀仏の本願について明かすところからすれば、それが〈無量寿経〉によったことは充分に推察できるところであります。そしてまた、その〈無量寿経〉の中でも、年代的には、〈後期無量寿経〉によったであろうことは明白でありましょう。

そこで次の「優婆提舎」（ウパディシャ）とは、その語義からいえば近づいて説明するということで、問答とか論説を意味して、「論議」と漢訳されており、ここでは経典の意趣を、多くの人々により了解しやすいように解説することを意味しております。またその

「願生偈」とは、天親自身が、阿弥陀仏の本願に対する帰依と、その浄土への願生、往生の志願を表白した偈文のことで、その『浄土論』の偈頌の結びにおいて、

我れ論を作り偈を説く、願わくば弥陀仏を見て、普く諸の衆生とともに安楽国に往生せん。（大正二六、二三一頁）

と明かすように、天親自らが阿弥陀仏の本願に帰依して浄土を願生しつつ、しかもまた、いっさいの大衆に向って、この浄土の教法を勧信しているわけで、ここには天親における浄土教についての主体的な領解の内容が明白にうかがわれるところであります。なおこのような帰敬偈が付せられるところの論は、その作者の根本論であるといわれますが、とすれば、この『浄土論』において表明されるところの阿弥陀仏に対する帰敬の表白は、天親の仏教領解についての根本的立場を意味するわけで、天親における浄土教思想は、天親自身にとっては、きわめて重要な地位を占めるものであったといいうるようであります。そのほか天親はまた、『摂大乗論釈』（真諦訳）巻第十五の廻向文にも、

此れに因って願わくば悉く弥陀を見て、浄眼をうるによって正覚を成ぜん。（大正三一、二七〇頁）

と明かして、同じように阿弥陀仏に対する帰依の心情を表白している点も注意されるところであります。

三 「願生偈」の大意

そこで次に上に示したところの『浄土論』の組織について解説いたします。

先ずその「願生偈」については、はじめに帰敬文がおかれて、この『浄土論』の作者である天親が、

世尊よ、我は一心に、尽十方無碍光如来に帰命して、安楽国に生ぜんと願ず。（大正二六、二三〇頁）

といいます。私は阿弥陀仏の本願に帰依して、その安楽浄土に往生したいと志願いたしますと、釈尊に向って表白した言葉です。すでに上にも述べたように、このような帰敬文が付せられている論書は、その作者の根本論を意味しており、天親が、浄土教思想に深く傾倒していたことがよくうかがわれるところであります。

1 浄土の荘厳功徳

そして次の観仏身・仏土をめぐる偈頌については、最初にその依報としての阿弥陀仏の浄土をめぐって、第一清浄功徳（浄土が清浄の世界であること）、第二無量功徳（浄土が

無量無辺の世界であること）、第三性功徳（浄土が出世なる真如の世界であること）、第四形相功徳（浄土が日と月とを合したように明るく輝いていること）、第五種々事功徳（浄土がさまざまな至宝によって荘厳されていること）、第六妙色功徳（浄土がさまざまな出世の光明に輝いていること）、第七触功徳（浄土の荘厳にふれるものは心身に安楽が生ずること）、第八三種功徳（浄土には清らかな泉水が流れ、その大地には楼閣がそびえて、虚空には妙なる音楽が響いていること）、第九雨功徳（浄土にはいつも華の雨がふって妙なる香がただよっていること）、第十光明功徳（浄土にはあらゆる闇を破るところの浄明が輝いていること）、第十一妙声功徳（浄土における仏の説法の声はつねに十方に届いていること）、第十二主功徳（浄土は阿弥陀仏の支持によってこそ成就していること）、第十三眷属功徳（浄土の往生人はその蓮華の中から生まれること）、第十四受用功徳（浄土の往生人の食事は三昧、仏の「さとり」をいただくこと）、第十五無諸難功徳（浄土の往生人はあらゆる苦悩をはなれて、つねに安楽であること）、第十六大義門功徳（浄土には小乗仏教を学ぶ人や三悪道などはなく、その名前さえもないこと）、第十七一切所求満足功徳（浄土とはあらゆる志願がことごとく成就する世界であること）の、十七種の自利と利他なる荘厳功徳について讃歎いたします。

2　仏・菩薩の荘厳功徳

そして次いで、浄土の正報について、その主としての阿弥陀仏をめぐっては、第一座功徳（阿弥陀仏がましますの台座が美しいこと）、第二身業功徳（阿弥陀仏の形像がすぐれていること）、第三口業功徳（阿弥陀仏の教言は十方世界に届いていること）、第四心業功徳（阿弥陀仏の心識はまったく無分別にして平等であること）、第五大衆功徳（浄土の天人は阿弥陀仏の「さとり」の中から生まれたものであること）、第六上首功徳（阿弥陀仏は須弥山王（帝釈天）のようにすぐれた威力をもっていること）、第七主功徳（阿弥陀仏はつねに天人たちによって尊敬されていること）、第八不虚作住持功徳（阿弥陀仏の本願力を信知するものは、その志願をよく満足させることができること）の八種の荘厳功徳について明かし、浄土に往生して阿弥陀仏に値うことができるならば、初地、不退転地に住することとなり、またついには八地以上の菩薩に至って、ついにはまことの仏の「さとり」をうることとなります。かくしていまは、そのような阿弥陀仏の自利利他の功徳について讃歎いたします。

そして次いで、その正報の中の伴としての浄土の往生人、菩薩については、第一不動而至功徳（浄土の菩薩は浄土に住したままで十方世界に至って人々を教化できる）、第二一念普照功徳（浄土の菩薩は一念に十方世界を普照して人々の苦悩を除滅することができる）、第三無相供養功徳（浄土の菩薩はあらゆる諸仏を供養讃歎することができる）、第四示法如仏功徳（浄土の菩薩は仏のように無仏の世界に至って仏法を開示することができる）という、四種の利他教化なる荘厳功徳について讃歎いたします。

そしてそれら仏身仏土をめぐる讃歎を結んで、

我れ論をつくり偈を説いて、願くは弥陀仏を見たてまつり、あまねくもろもろの衆生とともに安楽国に往生せん。（大正二六、二三一頁）

という廻向文を説きます。阿弥陀仏を観見し、多くの人々とともに、その浄土に往生したいという志願を表白しているわけです。その願偈大意において、「彼の安楽世界を観じ阿弥陀仏を見て、彼の国に生ぜんと願ずる」（大正二六、二三二頁）と説くとおりです。

以上がその「願生偈」の内容ですが、そこでは先ず、浄土の荘厳功徳相について十七種を、次いで阿弥陀仏の荘厳功徳相について八種を、そしてまたその浄土の往生人、菩薩の荘厳功徳相について四種を、合計して三種荘厳、二十九種の功徳について明かしております。そしてまた天親は、それらについてさらに、

この三種の成就は願心をもって荘厳す。略して一法句に入ることを説く故に。一法句とはいわく清浄句なり。清浄句とはいわく真実の智慧無為法身なるが故に。（大正二六、

二三二頁）と明かします。これらの三種荘厳、二十九種の功徳とは、阿弥陀仏の本願、その大悲によって顕現したもので、それは略していうならば、一法句、すなわち、一つの仏法の言葉、清浄なる言葉に摂めることができる、そしてそういう清浄なる言葉とは、真実の智慧を意味する無為法身、この世俗を超えたところの、まことの仏の「さとり」そのもののことである、というわけです。以上が、この「願生偈」のおよその内容であります。

四　五念門行の道

1　五念門行

次にその長行《じょうごう》ですが、そこではその内容について、今生における往生の行道と、来世における成仏の行道を明かします。

そこで先ずその往生の行道について解説いたしますと、ここでは浄土往生のための行業として、「いかんが観じいかんが信心を生ずるや」（大正二六、二三一頁）と自問して、観仏を中核とする五念門行を修めることを明かします。そしてそれにおいて、次第に柔軟心、清浄心、妙楽勝真心なる信心を成就すべきことを示し、その信心を因としてこそ、よく浄土に往生することができると語っております。

その五念門行とは、その『浄土論』に、

もし善男子善女人五念門を修して成就すれば。（大正二六、二三一頁）

と明かすように、在家者の菩薩道の行業を意味して、それは未証浄心なる地前の菩薩が、浄心なる初地の菩薩に至るという道であり、その五念門行の内実とは、それ以前の浄土教思想においてはまったく見られないもので、天親によって創設されたであろうところの、新しい浄土の行道であります。そこでその五念門行とは、礼拝門、讃歎門、作願門、観察門、廻向門の五種の行業を意味します。その第一の礼拝門とは、

云何が礼拝する、身業に阿弥陀如来応正遍知を礼拝す、彼の国に生ぜんがための故に。（大正二六、二三一頁）

と明かすように、身業において阿弥陀仏を恭敬し礼拝して、その浄土に往生したいと願うことでありますが、それは上に見たところの、龍樹の信方便易行における三業奉行の中の礼拝恭敬と共通するものです。そして第二の讃歎門とは、

云何が讃嘆する、口業に讃歎す、彼の如来の名を称して、彼の如来の光明智相のごとく、彼の名義のごとく、如実に相応を修行せんと欲するが故に。（大正二六、二三一頁）

と説くように、口業をもって阿弥陀仏の名号を称して讃歎し、その名義と光明の智相に随順するように、正しく修習することをいいます。ここでもまたその称名は、龍樹の三業奉行の中の称名行と共通するところです。そして第三の作願門とは、

云何が作願する、心に常に作願す、一心に専ら念じて畢竟じて安楽国土に往生せんと、如実に奢摩他を修行せんと欲するが故に。（大正二六、二三二頁）

と明かすように、意業において心をもっぱら浄土に向って集中、凝止することであって、それは奢摩他（śamatha）の行を意味するものであります。この奢摩他とは「止」と訳されますが、『瑜伽師地論』巻第七十七によりますと、

善く思惟する所の如き法において独り空閑に処して作意し思惟す。またすなわち此のよく思惟する心において内心に相続して作意し思惟す。かくのごとき正行に多く安住するがゆえに身の軽安および心の軽安を起す。これを奢摩他と名づく。（大正三〇、七二三頁）

と語るように、それは心を対象に止住して、それをもっぱら作意し、思惟することによって、散乱粗動の妄想、邪念を捨離し、身心を軽安、寂静ならしめていくことであり、いまはまさしく一心に浄土を想念し願生するところの、寂静三昧の境地に住することをいいます。そして第四の観察門とは、

云何が観察する、智慧をもって観察す、正念に彼を観じて如実に毘婆舎那を修行せんと欲するが故に。（大正二六、二三二頁）

と明かすように、智業において、前の作願門、奢摩他の行によってひらけてくるところの寂静三昧の心境の上に、その必然として生まれてくる智慧をもって、阿弥陀仏とその浄土の荘厳功徳相を観見することであって、それは毘婆舎那（vipaśyanā）の行を意味するものであります。この毘婆舎那とは「観」と訳されますが、『瑜伽師地論』巻第七十七によりますと、

是のごとくして菩薩はよく奢摩他を求む。彼の身心の軽安を獲得するを所依となすに由るが故に、善く思惟する所のごとき法の内の三摩地所行の影像において、観察し勝解して心相を捨離し、すなわち是のごとき三摩地影像の所知の義の中において、よく正しく思択し最極に思択し、周遍尋思し周遍伺察するところの、若しくは忍、若しくは楽、若しくは慧、若しくは見、若しくは観、これを毘鉢舎那と名づく。（大正三〇、七二三頁）

と説くように、奢摩他、止による寂静三昧の境地において現われてくる影像を、智慧をもって円満に思択し尋思し伺察することであって、いまはまさしく作願門によって生まれたところの三昧の心境の上に、阿弥陀仏とその浄土の功徳荘厳相を観見していくことをい

うわけであります。そして『浄土論』では、その所観の対象としての阿弥陀仏とその浄土については、すでに上において見たように、浄土の十七種の功徳荘厳相、阿弥陀仏の八種の功徳荘厳相、浄土の菩薩の四種の功徳荘厳相の一々について観ずべきことを教示しているところです。そして最後の第五の廻向門とは、

云何が廻向する、一切の苦悩の衆生を捨てず、心に常に作願す、廻向を首となして大悲心を成就するが故に。（大正二六、二三二頁）

と語るように、それは方便智業により、前の四門の修習によって身にうるところの善根功徳を、ひとり自分のみの利楽とすることなく、それをあらゆる衆生に向って廻施し、もってあまねく人々とともに浄土に往生しようと願うことをいいます。そのことは利他大悲なる度衆生の巧方便の行を意味するものであり、前の四門が自利の行として入の門と名づけられるに対して、この廻向門は利他の行として出の門と呼ばれるものであります。

以上が五念門行のおよその意味でありますが、その中でとくに注意されるべきことは、第三の作願門と第四の観察門です。それは奢摩他、毘婆舎那なる止と観を意味して、心を止住して寂静三昧の心境になるならば、まことの智慧がひらけて、阿弥陀仏と浄土の荘厳功徳を観見することができるというのであって、ここに五念門行の中核があるわけであります。すなわち、『浄土論』においては、その願生偈と長行のいずれにおいても、この観

察にかかわる部分にもっとも主力が注がれ、もっとも詳細に明かされており、さらにはまた、その願生偈の大意を述べるについて、

彼の安楽世界を観じ阿弥陀仏を見て、彼の国土に生ぜんと願ずる。（大正二六、二三一頁）

と明かすことからしますと、そのことはいっそう明瞭でありましょう。かくして天親が、

若し善男子善女人、五念門を修して成就すれば、畢竟じて安楽国土に生じて彼の阿弥陀仏を見ることをうる。（大正二六、二三二頁）

と説くところの意趣は、そのまま阿弥陀仏とその浄土の功徳荘厳相を観察して往生するということであって、その点、この『浄土論』に示されるところの往生の行道とは、善男子善女人なる、在家者のための観見願生の道であったといいうるところであります。そしてこのような往生の行道を、作願と観察、奢摩他と毘婆舎那なる止観の道として明かすことは、この『浄土論』が、兄の無着の『摂大乗論』に、深くかかわって成立していることがうかがわれるところであって、そこで説かれる十八円浄説の中の、第十六の乗円浄には、この奢摩他、毘婆舎那について語り、それをもって浄土往生の道を明かしているわけです。しかもまたさらにいうならば、この奢摩他、毘婆舎那なる止観の行とは、天親の基本的な立場である瑜伽唯識教学における行道の中核をなすものでもあって、その点、この『浄土

論』に明かされるところの浄土往生の行道としての五念門行の道は、天親の瑜伽唯識の教学と、さして遠く隔ったものではなかったことがうかがわれます。

2 信心の成就

ところで、この『浄土論』では、その願偈大意とそれに続く文において、

論じて曰わく、此の願偈は何の義をか明かす。安楽世界を観じて阿弥陀仏を見たてまつり、彼の国土に生ぜんと願ずるが故に。云何が観じ云何が信心を生ずる。もし善男子善女人五念門を修して成就すれば、畢竟じて安楽国土に生じて彼の阿弥陀仏を見ることをうる。（大正二六、二三二頁）

と明かしております。この文は上の願生偈をうけて、その大意が、まさしく阿弥陀仏と浄土とを観見し、もって浄土に往生したいと願求することを示し、次いで、その浄土往生の行道としての観見願生の内容について、「云何が観じ云何が信心を生ずる」と徴問し、それに応答して、在家者の善男子善女人にしてよく五念門行を修習し、それを成就すれば、ついには浄土に往生することができると明かしたものです。そして『浄土論』では、この文に次いで、その五念門行について説明するわけですが、その五念門行とは、すでに上においても見たように、礼拝門、讃歎門、作願門、観察門、廻向門の五種の行業をいい、そ

れは作願、観察の奢摩他、毘婆舎那なる止観の行を中核とする行道であって、それが上にいうところの「云何が観じ」という徴問に応答したものであることは明瞭であります。しかし次の「云何が信心を生ずる」という徴問に対しては、以下直接に信心の語をだして応答する文は見当りません。そこでこの「云何が信心を生ずる」という徴問に対する応答について、『浄土論』の文をさらに詳細に検討しますと、信心という語そのものは見当らないとしても、それに相当する内容をもつものと推定される語が数種も見いだされます。すなわち、仏荘厳功徳成就について、

すなわち彼の仏を見れば、未証浄心の菩薩、畢竟じて平等法身をえて浄心の菩薩と異なることとなし。浄心の菩薩は上地の諸菩薩と畢竟じて同じく寂滅平等をうる故に。（大正二六、二三二頁、真聖全の文には脱落がある）

と説く文の中の「浄心」という語、またその廻向門において、

かくのごとく菩薩は奢摩他と毘婆舎那とを広略に修行して柔軟心を成就す。（大正二六、二三三頁）

と明かす文の中の「柔軟心」という語、また三種の随順菩提門の法を明かすについて、

菩薩はかくのごとき三種の菩提門相違の法を遠離して、三種の随順菩提門の法を満足することをうる故に。何等かを三種とす、一者無染清浄心なり、自身のために諸の楽

を求めざるをもっての故に。二者安清浄心なり、一切衆生の苦を抜くをもっての故に。三者楽清浄心なり、一切衆生をして大菩提を得しめるをもっての故に。衆生を摂取して彼の国土に生ぜしむるをもっての故に。これを三種の随順菩提門の法を満足すと名づく。まさに知るべし（大正二六、二三二頁）

と説く文の中の「無染清浄心、安清浄心、楽清浄心」なる「清浄心」という語、そしてまた、この三種の清浄心について明かすに、

さきに説く無染清浄心と安清浄心と楽清浄心と此の三種の心は、略して一処に妙楽勝真心を成就す。まさに知るべし。（大正二六、二三二頁）

と説くところの「妙楽勝真心」という語、そしてまた、上の文をうけて往生の因を明かすについて、

かくの如く菩薩は智慧心と方便心と無障心と勝真心とをもって、よく清浄の仏国土に生ず。まさに知るべし。（大正二六、二三三頁）

と示す文の中の、「智慧心、方便心、無障心、勝真心」という語などがそれであります。かくして、この『浄土論』において信心にかかわるものとして推定される語としては、「浄心」「柔軟心」「清浄心」「妙楽勝真心」および「智慧心、方便心、無障心、勝真心」が見いだされるわけであります。

そこで以下それらの語についての検討をすすめていくこととします。先ず、その「浄心」の語についてですが、すでに上において見たように、この文は五念門の止観の行によって見仏することができるならば、いまだ浄心を証しえない菩薩もついには浄心をえて、平等法身を証することができ、それはさらに上地の菩薩と同じく、寂滅平等の法を覚証することができるということを明かすものであって、その未証浄心の菩薩とは、在家者なる善男子善女人と呼ばれるところの凡夫菩薩であろうことは明らかです。そしてここでいう浄心とは、原語としては citta-prasāda が推定されて、心の澄浄なることを意味し、それはまた信心とも訳されるものであります。そしてそのことは、すでに各所でいろいろと論じたように、煩悩の諸垢を遠離した清浄にして寂静なる境地を意味し、如実知見なる慧の領域に属するものでもあります。かくしてこの未証浄心の菩薩とは、天親の『摂大乗論釈』（真諦訳）巻第十一によれば、

いまだ初地に入らざれば正定の名をえず、これ不清浄意行の人なり。もし真如を見れば、すなわち清浄意行の地に入りて、初地より十地に至るまで同じくこの名をうる。

（大正三一、二二九頁）

と明かして、この未証浄心の行人を地前の菩薩と捉えております。そしてまた天親は、その浄心の菩薩にして証するところの平等法身については、その『妙法蓮華経優波提舎』に

によれば、

彼の法性とは名づけて一切諸仏菩薩の平等法身となす。平等身は真如法身なり。初地の菩薩にして乃ちよく証入す。（大正二六、一〇頁）

と示して、それは初地にして証しうるものであるといっているところです。したがって、ここで阿弥陀仏を見仏することをうれば、未証浄心の菩薩もついには平等法身をえて浄心の菩薩とひとしいと明かされることは、この五念門行を修習することにおいて見仏をうるならば、心の澄浄の境地に至って、一定（菩薩道の第四十一位の初地）までの無明、煩悩を遠離し、一定（菩薩道の第四十一位の初地）までの如実知見なる智慧を開覚することを明かし、それはまたさらにいうならば、止観にもとづいて信心を成就して、初地に至るということを意味するものでありましょう。上に見た『浄土論』の「彼の仏を見れば、未証浄心の菩薩。畢竟じて平等法身をえて浄心の菩薩と異ることなし。云々」という文は、まさしくこのことを教示するものと思われます。そしてそのことは、龍樹の浄土教思想についていうならば、その『十住毘婆沙論』「易行品」に、

もし人善根を種えて疑えばすなわち華開けず、信心清浄なる者は、華開けてすなわち仏を見る。（大正二六、四三頁）

と説いて、聞名にもとづく三業の奉行により、心の清浄なる信心を開いて、初地、不退転

地に到達し、見仏をうると明かすことに連なるものでありましょう。

そして次の「柔軟心」については、この文は五念門行の中の、作願門と観察門、奢摩他、毘婆舎那なる止観の行を修習するならば、柔軟心をうることができるといいます。ところでこの柔軟心の原語としては、先学によりますと、citta-karmaṇyata とも推定されていますが、また天親の『浄土論』を訳した菩提流支が、同じく天親の著作である『十地経論』を訳しており、その『十地経論』の中で、経文について「柔軟心」（大正二六、一四一頁、一四五頁）および「軟心」（大正二六、一六一頁）と訳す語が見られますが、その原語を梵本『十地経』で検すると、それは mṛducitta ないし mṛdu であることが知られます。かくしてその原語としては mṛducitta を想定することができるようです。そしてまたこの柔軟心とは、天親の『勝思惟梵天所問経論』巻第二には、

その心柔軟とは、いわく諸の菩薩三昧三摩跋提をうるをもって自在力あり、巧方便をもって勝妙境界を転起す。（大正二六、三四三頁）

と説くように、剛強麁悪ならざる安穏柔和の心のことであり、そのような柔軟心をうれば、あたかも水静まって月影が宿るように、無分別智の正慧が起って、諸法を実相のように観じ、またそのゆえに世間に向って利他行としての巧方便を行ずることとなるというのです。『浄土論』がこの柔軟心をうるならば、

実のごとく広略の諸法を知る。かくの如く巧方便廻向を成就する。（大正二六、二三二頁）

と明かすものは、まさしくこのことを意味するものでありましょう。そしてまたこの柔軟心とは、『十地経』によれば、

彼はかくのごとく、誓願を善く成就し、堪能心、柔軟心ありて、不壊の信心あり。

（龍山章真訳註『梵文和訳十地経』三二頁）

と説いていますが、このことからすれば、この柔軟心とは信心を意味し、それはまたさらにいうならば、さまざまな煩悩雑染を遠離したところの清浄なる心（citta-prasāda）としての、信心の意味をもつものでもあると理解されるところです。かくしてここで奢摩他、毘婆舎那の止観の行を修習して、柔軟心を成ずるということは、この五念門行を修することによって、清浄なる心としての信心を成就していくことを、意味するものであったといいえましょう。

次の「無染清浄心、安清浄心、楽清浄心」なる三種の清浄心については、この文は上の柔軟心を成就することにもとづいて、さらに廻向門なる巧方便廻向の利他行を修習することにより、次第に貪着自身心、無安衆生心、恭敬自身心の三種の菩提門相違の心を遠離し、無染清浄心、安清浄心、楽清浄心の三種の随順菩提の心を成就していくことを明かすもの

です。そしてこの清浄心の原語については先学によるとvyavadāna-cittaとも推定されていますが、それはまた煩悩の濁穢を遠離せるところの浄潔なる心を意味して、ついには上に見たところの心の澄浄（citta-prasāda）に相当するものであるとうかがわれます。かくしてそのことからすれば、この廻向門なる利他行を修習して三種の清浄心をうるということは、またこの廻向門を修めて澄浄なる心としての信心を成就していくことでもあると理解されるところであります。

また次の「妙楽勝真心」については、それは『浄土論』に

さきに説く無染清浄心と安清浄心と楽清浄心と此の三種の心は、略して一処に妙楽勝真心を成就す。（大正二六、二三二頁）

と説くように、上に見たところの三種の清浄心を一心に帰一して妙楽勝真心と呼んだものであります。その原語については、先学によれば、すでにsad-adhimukti-adhyāśaya-tattva-cittaと想定されていますが、それが三種の清浄心を一心に摂めてあらわしたものである以上、それもまた帰するところは、清浄なる心としてのcitta-prasādaなる信心を意味するものといいうるでありましょう。

そしてまた、次の「智慧心、方便心、無障心、勝真心」については、菩薩はこの四種の心を成就することによって、よく阿弥陀仏の浄土に往生をうるということを明かすもので

あります。そこでこの四種の心がいかなるものであるかについては、その中の智慧心と方便心とは、上に見た柔軟心が宿すところの、無分別智と清浄世間智、すなわち、般若と方便の心を意味するものであり、その無障心とは、上に見た三種の菩提門相違の法を遠離せる心としての、清浄心を意味するとも理解されますし、あるいはまた、この智慧心と方便心と無障心の三心は、上に説くところの無染清浄心、安清浄心、楽清浄心なる三種の清浄心が、智慧、慈悲、方便の三門に対配して明かされるところ、その三門、三種の清浄心に配して明かしたものとも理解されましょう。いずれにしても、それは上に見た浄心、柔軟心、清浄心と明かされるところの信心（citta-prasāda）の属性について説かれたものと思われます。そして後の勝真心とは、上に説かれる妙楽勝真心をうけるものであることは明白であります。かくして、この智慧心、方便心、無障心、勝真心とは、たんに並列的に捉えられるべきものではなくて、智慧心から方便心、さらには無障心への展開において、妙楽勝真心を成就していくことを意味すると理解されるべきでありましょう。とするならば、この智慧心、方便心、無障心、勝真心によって浄土に往生をうるということは、五念門行を修習することによって、次第に柔軟心、清浄心を成じていくこと、さらにいうならば、智慧心、方便心、無障心、勝真心を成じ、帰するところはその妙楽勝真心を成就することにおいて、それを正因としてこそ、よく阿弥陀仏の浄土に往生をうることを明かしたものであると理解されましょう。

かくして上に見たように、浄心、柔軟心、清浄心、妙楽勝真心のいずれもが、五念門行の修習にもとづいて次第に成就されていくものであり、またそれがいずれも澄浄なる心として信心（citta-prasāda）を意味し、それがまた浄土往生の正因となるということにおいて、『浄土論』の長行の初めに、

云何が観じ云何が信心を生ずる。もし善男子善女人五念門を修して成就すれば、畢竟じて安楽国土に生じて彼の阿弥陀仏を見ることをうる。（大正二六、二三一頁）

と説くところの「信心を生ずる」とは、これらの浄心、柔軟心、清浄心を意味し、さらにはまた、帰するところはこの妙楽勝真心の成就をさすものであろうと思われます。

その点、ここで「浄心」「柔軟心」「清浄心」「妙楽勝真心」、および「智慧心、方便心、無障心、勝真心」をうるということは、それにおいて浄土に往生することが決定するわけで、そのことは、〈無量寿経〉の原点に返していえば、阿弥陀仏の私に対する告名（なのり）の声、招喚（まねき）の声を聞くという聞名にもとづいて、信心（citta-prasāda）を開発するならば、この現生において見仏、正定聚、不退転地に住して、命終の後には浄土に往生するという教説に重なるものであります。ただ〈無量寿経〉では聞名と語られるところが、この天親の『浄土論』では観仏が説かれているということであります。

3　五念門行の思想的背景

この『浄土論』において明かされる浄土の行道としての五念門行は、それ以前の浄土教思想においてはまったく見られない、多分に天親の創設にかかる行道でありますが、とすれば何をその思想的根拠として、この五念門行を開設したものでしょうか。その点については、すでに多くの先学による考察があります。いま試みに管見におよんだ諸説を紹介しますならば、およそ次のようなものがあります。

一、『摂大乗論』の十八円浄説によるとする説

これは望月信享『浄土教之研究』（「往生論と摂大乗論の十八円浄」）の説です。『摂大乗論』の十八円浄説の連文に、救済災横為業、救済悪道為業、救済行非方便為業、救済行身見為業、救済乗為業（真諦訳）の五業を説くものと、五念門行が次第して身業、口業、意業、智業、方便智業の五業に配分するものとの共通性を問題にし、そこに両者の関係を推察いたします。

二、『瑜伽師地論』によるとする説

これは工藤成性『世親教学の体系的研究』の説です。『瑜伽師地論』巻第三十八において、菩薩の修学についての七種の要心を明かすところの、具多勝解、求正法、説正法、修行法随法行、正教授、正教誡、住無倒教授教誡方便所摂身語意業の修学七行にもとづき、それを略示したものが五念門行であるといいます。

三、『十地経』『荘厳経論』『摂大乗論釈』によるとする説

これは長谷岡一也「世親浄土論における十地経的要素」（『印度学仏教学研究』六の二）の説です。礼拝門と讃歎門は『十地経』「難勝地」により、作願門と観察門は『荘厳経論』「波羅蜜品」により、廻向門は『摂大乗論釈』によるといいます。

四、『十地経』『摂大乗論』によるとする説

これは藤堂恭俊『国訳一功経』の『無量寿経優婆提舎願生偈並註』（国訳・和漢撰述部四八）の脚註に示される説です。礼拝門および讃歎門は『十地経』「難勝地」に関連し、作願門および観察門は『摂大乗論』の十八円浄説の第十六乗円浄に相当するといいます。

五、『華厳経』によるとする説

これは顗意の『観経梯定記』「玄義分」巻第一（日仏全一一、九頁）による説です。顗意は『華厳経』に説くところの普賢菩薩の十大願と五念門との間に密接な関係があるといい、また石井教導「蓮華蔵世界」（『浄土学』第二二・二三合併号）もその見解を継承しています。

六、『無量寿経』によるとする説

これは福原亮厳「五念門五正行の体系的意味」（『真宗研究』第二輯）の中の一説です。『無量寿経』の霊山現土の文に、礼拝、讃歎、作願、観察の思想があるとして、ここに五念門行の根拠があるといいます。また幡谷明「浄土論考」（『大谷学報』第四〇巻第四号）によると、それは『無量寿経』の「歎仏偈」に対配されるといいます。なおまた私見によると、すでに『浄土三部経―真宗学シリーズ6』でも考察したように、〈初期無量寿経〉が説くところの浄土の行道とは、見仏（見光）の道と聞名の道の二種の道があるわけで、龍樹浄土教においては、その聞名不退、聞名往生の道が注目されましたが、天親浄土教においては、それに対応して、見仏往生の道に注目し、その行道について、それをより明確化して、このような五念門行を創設したといいうるかも知れません。

七、『観無量寿経』によるとする説

これは良忠の『無量寿経論註記』巻第四（浄全一、三〇八〜三〇九頁）の説です。良忠はここで五念門行とは、『観無量寿経』の定善十三観の経説にもとづくものであるといいます。また大原性実「観無量寿経と浄土論」（真宗教学の伝統と己証）はそれに賛意を表しています。

八、『浄土三部経』によるとする説

これは伝統の真宗教学の中で語られる説です。そこでは五念門行を約仏（法蔵菩薩の行）と約生（願生行者の行）とに分けて、約仏の行については『無量寿経』の諸文に対配し、約生の行については『無量寿経』『観無量寿経』『阿弥陀経』の諸文に対配しています。そのことは誓鎧『浄土論宝積録』（巻下、七丁以下）および慧海『浄土論啓蒙』（真叢五、九一頁）などに明瞭です。

九、『十住毘婆沙論』によるとする説

これは福原亮厳「五念門五正行の体系的意味」（『真宗研究』第二輯）の中の一説です。龍樹の『十住毘婆沙論』巻第五の「除業品」に、初地に至るための行業として、憶念、称名、礼敬、懺悔、勧請、随喜、廻向の七行を挙げるに注目し、それを典拠としたといいます。

十、天親の独創とする説

これは神子上恵龍「念仏往生と信心往生」（『真宗学』第六号）の説です。五念門行とは天親がまったく新たに独創したものであるといいます。

以上のように、五念門行開説の思想的背景として指摘される諸説はまことに多種多様でありますこのことについては、この五念門の行道が、決して単一な思想、背景にもとづいて開説されたものではないことを物語るものでありましょう。しかしながら、それは根本的には、すでに上にもふれたように、天親自らの仏教理解における基本的立場であった、瑜伽唯識教学の行道の中心をなす奢摩他、毘婆舎那、止観の行と共通するものであって、この五念門行の道が瑜伽の行道とさしたる距離がなかったことは、充分に注意されるべきことであります。その点、この五念門行の直接的な根拠としては、上にも指摘したように、『摂大乗論』の十八円浄説の中、ことには第十六乗円浄に、奢摩他、毘婆舎那、止観の行道を明かすものとの関連が思われますが、基本的には、やはり〈無量寿経〉の思想的展開として理解されるべきものでありましょう。

五　天親浄土教の行道

天親の浄土教、その浄土往生の行道とは、すでに上において見たように、観見願生、起観生信心の道として、阿弥陀仏とその浄土の三厳二十九種なる荘厳功徳を観見することにより、その心を次第に育成し清浄ならしめて、浄心、信心を開発し、その信心によって浄土に往生していく道でありました。そのことはより具体的には、地前の凡夫菩薩が、五念門行、ことには止と観、作願、凝心にもとづくところの、阿弥陀仏とその浄土の荘厳相を観察することによって、次第にその心を清浄ならしめていき、ついには自利利他を円満する妙楽勝真心なる「信心」を成就するならば、その信心にもとづいて、命終の後には浄土に往生するという道であります。

そこで、次の浄土に往生した後に修めるべき成仏のための行道とは、五念門行に対して五種の功徳門、いわゆる五果門行を明かします。すなわち、それは浄土に往生したのちに、さらに成仏、仏の「さとり」をめざして修められるべき、近門、大会衆門、宅門、屋門、園林遊戯地門の五種の行業で、その第一の近門とは、身業に阿弥陀仏を礼拝し願生して、仏果、仏の「さとり」に近づいていくことをいいます。そして第二の大会衆門とは、口業に阿弥陀仏を讃歎し、その光明智相なる名義に随順し、相応するよう称名して、仏の「さとり」をうる大会衆の仲間に参入することをいいます。そして第三の宅門とは、一心に専念して奢摩他、寂静三昧の行を修めて、蓮華蔵世界に入っていくことをいいます。そして第四の屋門とは、阿弥陀仏と浄土の荘厳相を、その寂静三昧にもとづくところの毘婆舎那、観察の行を修めて、仏の「さとり」の境地に入っていくことをいいます。そして第五の園林遊戯地門とは、生死の園、煩悩の林なる苦悩の世界に沈淪するすべての人々のために、大慈悲をもって応化身を示しつつ、この世俗の世界に還来、廻入して、多くの人々を教化し、済度する行業を修めることをいいます。

かくして、はじめの近門、大会衆門、宅門、屋門の四種の行は入の門として自利の行をいい、最後の園林遊戯地門は出の門として利他の行をいいます。浄土の往生人は、このような入と出、自利と他利なる五果門行を修めることによって、速やかに仏の「さとり」、大般涅槃、無上正遍智を成就することができるというわけです。

その点、すでに見たように、龍樹がその『十住毘婆沙論』の「易行品」において、〈無量寿経〉に教説される阿弥陀仏の教法を領解するについて、自身の根本的立場である般若空の教学にもとづきつつ、その聞名不退、聞名往生の思想をうけて、初地に至るための菩薩道を信方便易行と明かし、礼拝、称名、憶念なる三業奉行の道として捉え、それにおいて澄浄なる心（citta-prasāda）としての、信心を成就する道であったことに対していえば、この天親は、その『浄土論』において、〈無量寿経〉に教説される阿弥陀仏の教法を領解するについて、自身の根本的立場である瑜伽唯識の教学にもとづきつつ、その見仏、見光の思想を発展させて、未証浄心の凡夫菩薩が、浄心の菩薩、初地の菩薩になるための菩薩道として、五念門行、奢摩他、毘婆舎那なる止観の道、起観生信心の道を明かしたわけで、それもまた、その行業によって澄浄なる心（citta-prasāda）としての、信心を成就していく道であったわけであります。

すなわち、龍樹も天親も、ともにその菩薩における初地を証する道を、〈無量寿経〉にもとづきながらも、龍樹は、その阿弥陀仏を言葉、声、名号として捉えて、この仏の声、名号を聞くという聞名の道に注目し、それについて礼拝、称名、憶念なる三業奉行を実践し、それにおいて清浄なる心、信心を成就して、今生においては初地に至り、来世に浄土に往生するという道、信方便易行の道を明示しました。そしてそれに対して、天親は、その阿弥陀仏を姿形、仏身と捉えて、その仏身と仏土を見るという観仏の道を開発し、それについて礼拝門、讃歎門、作願門、観察門、廻向門の五念門行を実践し、それにおいて浄心なる信心を成就して、今生において初地に至り、来世には、浄土に往生するという道、起観生信心の道を開示したわけです。

かくして、インドにおける浄土教、龍樹の浄土教と天親の浄土教は、その阿弥陀仏の領解をめぐっては、聞名の道と観仏の道の相違があるとしても、ついにはともに、澄浄なる心（citta-prasāda）としての信心の成就をめざす行道を開顕したものであることは、充分に注目されるべきところでありましょう。

六　親鸞における領解

親鸞は、その『教行証文類』の「信文類」の別序において、特にこの天親の『浄土論』を讃えて「一心の華文」（真聖全二、四七頁）といい、さらにはまた、その「信文類」においては、本願文の三心を解釈するについて、

問う。如来の本願すでに至心信楽欲生のちかいをおこしたまえり、何をもってのゆえに論主一心というや。答う。愚鈍の衆生、解了やすからしめんがために、弥陀如来、三心をおこしたまうといえども、涅槃の真因はただ信心をもってす。このゆえに論主三を合して一となせるか。（真聖全二、五九頁）

と明かします。ここではまず問いをおこして、『無量寿経』によると、阿弥陀仏の本願文においては、信心を語るについて、至心、信楽、欲生の三心を説いているにもかかわらず、

天親の『浄土論』では、「我は一心に、尽十方無碍光如来に帰命して、安楽国に生ぜんと願ず」（大正二六、二三〇頁）といって、一心の信心を明かしているが、それはなぜかといい、それに答えて、阿弥陀仏は、三種の信心を説いているけれども、天親は、それを愚かな凡夫にとって、より分かりやすく説明するために、三心を合して一心と明かしたのだというのです。

ところで、その本願の三心については、親鸞は、その『浄土文類聚鈔』においては、

また問う、大経の三心と観経の三心と一異いかん。答う、両経三心すなわち是れ一なり。（中略）明かに知んぬ、一心は是れ信心なり、専念すなわち正業なり、一心の中に至誠・廻向の二心を摂在せり。（真聖全二、四五三頁）

と明かして、その三心を中間の信楽（深信）に統一して捉えておりますが、またその『唯信鈔文意』では、「本願の三信心」（真聖全二、六五〇頁）、「他力の三信心」（真聖全二、六五一頁）、「大経の三信心」（真聖全二、六五一頁）、「真実の三信心」（真聖全二、六五二頁）などと明かして、その本願の三心とは、至心、信楽、欲生の何れも「信心」といいうるわけで、その何れにおいても、あとの二心を統摂して捉えることができると領解しております。その点、親鸞は、その本願の三心は三心それぞれに統一して、その何れにおいても、一心と捉えることができると理解していたことが知られます。

そこで天親が、その帰敬文で一心願生という「一心」とは、いかなる内実をもつものであるか、その原語が不明であるところ的確には理解できませんが、親鸞がその一心を「本願の三信心」の統一体として捉える立場に立つかぎり、その「一心」とは、長行の「云何が観じ云何が信心を生ずる」という文に関連して、その「信心」に重層するものといえましょう。そしてまた、ここでいう信心とは、すでに上において詳細に論究したように、それは五念門行の修習において、次第に成就されていくところの「浄心」「柔軟心」「清浄心」「妙楽勝真心」ともいいうるものであって、帰するところは、「妙楽勝真心」の一心に統一されるものでありました。そしてまた、それは citta-prasāda なる信心を意味するものであって、その「浄心」をうるということは、すでに上においても指摘したように、

すなわち彼の仏を見れば、未証浄心の菩薩、畢竟じて平等法身をえて浄心の菩薩と異ることなし。浄心の菩薩は上地の諸菩薩と畢竟じて同じく寂滅平等をうる故に。（大正二六、二三二頁）

と明かすところであって、それは一定（菩薩道の第四十一位）までの無明、煩悩を破り、一定（菩薩道の第四十一位）までの如実智見を開いて、初地に至るということを教示するものでありました。親鸞が、この「一心」とは、本願の三信心を統摂したところの、真実信心を意味すると領解したところでは、この点についても、充分に承知していたであろう

と思われます。

ところで親鸞は、この「信文類」では二種の問答を展開して、第一の問答では、本願文の至心、信楽、欲生の三心の字訓、すなわち、それらの文字的な意味について考察し、次の第二の問答では、それら三心の意義、すなわち、それら三心がもっている論理的、教義的な意味について考察いたします。そして親鸞は、その第一の問答による字訓の解釈を中心とする考察を結んで、

いま三心の字訓を按ずるに、真実の心にして虚仮まじわることなし。正直の心にして邪偽まじわることなし。まことに知んぬ、疑蓋間雑なきがゆえに、これを信楽と名づく。信楽すなわち、これ一心なり、一心すなわち、これ真実信心なり。このゆえに論主はじめに一心といえるなり。しるべし。（真聖全二、五九頁）

と示し、またその第二の問答による教義の解釈を中心とする考察を結んで、

まことに知んぬ、至心信楽欲生、その言葉ことなりといえども、そのこころこれひとつなり。なにをもってのゆえに、三心すでに疑蓋まじわることなし、ゆえに真実の一心なり。これを金剛の真心となづく。金剛の真心、これを真実の信心となづく。真実の信心はかならず名号を具す。名号はかならずしも願力の信心を具せざるなり。このゆえに論主はじめに我一心とのたまえり。また如彼名義欲如実修行相応故とのたまえ

り。（真聖全二、六八頁）

と明かします。

すなわち、その字訓の解釈においても、その三心がいずれも「疑蓋無間雑」であるから、それは真実信心である、だからこそ天親が一心といったのであると論じ、またその教義の解釈においても、その三心が何れも疑蓋がまじわらないから真実信心である、このゆえに天親が一心と表白したのであるというわけです。親鸞によれば、本願の三心は何れも「疑蓋無間雑」なる心のことである、だからこそ、天親がその三心を合して一心と明かしたのであるというのです。その何れにおいても、本願の三信心とは「疑蓋無間雑」なる心のことであるというわけです。

ところで、親鸞が、ここで本願の三信心、真実信心、その一心を明かすについて、それを「疑蓋無間雑」なる心であると解説するのは、親鸞がかつて比叡山における修学時代に学んだところの、天台教学の入門書である智顗《ちぎ》の『法界次第初門』によったものと思われますが、それによりますと、

蓋とは、覆蓋をもって義となす。よく行者の清浄の善心を覆蓋して開発することをえず。ゆえに名づけて蓋となす。（中略）疑蓋とは、痴の心をもって理を求め、猶豫して決せず、これを名づけて疑となす。もし定等の法を修道するに、無明暗鈍にして真偽

をわかたず、猶豫を生ずるによって、心に決断なきは、みな疑というなり。世間の通疑と一にあらず。まさしく論ずれば障道の疑なり。すなわち、これ見諦において断ずるところなり。（大正四六、六六八頁）

と明かしております。すなわち、この疑蓋とは、愚痴、無明の心を宿したままで仏法を学ぶところから、その仏法の道理が不分明のままに仏道に惑うことをいい、ここでいう疑惑とは、世間一般でいう疑心とは違うもので、それは仏法を正しく学ぶことによってのみ、はじめて破りうるものであるといいます。すなわち、それは仏法を正しく学ぶことにより、見諦（菩薩道の第四十一位、初地）の階位においてこそ、よく断ぜられる煩悩だというわけです。これが疑蓋ということの基本的な性格、意味内容で、このことは、上に見た『浄土論』が明かすところの、阿弥陀仏を観見して「浄心」をうるならば、畢竟じて寂滅平等をえて初地に至るという教示に、そっくりそのまま重層するところであります。

親鸞は、その著述において、真宗における真実信心を明かすについて、その信心とは、「智慧の信心」（『唯信鈔文意』真聖全二、六二四頁）だといい、また「信心の智慧」（『正像末和讃』真聖全二、五二〇頁）ともいい、さらにはまたその語に左訓して、「信ずるこころのいでくるは智慧のおこるとしるべし」（親鸞全集、和讃篇、一四五頁）と明かし、またそのような信心を開発した人を、くりかえして、「まことの仏に成るべき身と成れるなり」（『一念多念文意』左訓、真聖全二、六〇五頁、その他）といい、また「如来と等しき人」（『末燈鈔』真聖全二、六八一頁、その他）などと讃えております。そしてまた、そういう信心の人は、すでに初地に至って正定聚、不退転地の人となるとも語っております。そしてこれらのことは、ひとえにこの本願の三信心を解釈するについて、『浄土論』の「一心」が宿すところの論理にもとづいて明かすところから、その必然として主張されたものでありましょう。

第四章　曇鸞『往生論註』

一　曇鸞の生涯とその撰述

1　曇鸞の生涯

曇鸞は北魏孝文帝の承明元（四七六）年、北中国の雁門五台山付近で生まれたといいます。幼くして出家し、仏教を深く学びましたが、その時代の中国は、国が揚子江（長江）の北の北魏と南の斉、梁に分かれていました。その北魏の仏教は、龍樹の思想を中心とする般若中観の教えで、これには鳩摩羅什や僧肇という学者がいました。彼はこのような北方の仏教、般若教学、四論の教学を学びます。また南方に栄えていた曇無讖系の『涅槃経』を中心とする教学も学んで、ことにその仏性義に精通していたといいます。かくして彼は広範な仏教理解をしていたことがうかがわれます。

ところが彼には神仙の思想もあります。神仙というのは、当時の中国の民間信仰で、不老長寿の術を教えますが、それを学んでいたことがうかがわれます。そしてそれにかかわって、道教および呪術信仰もかなり身につけていたようです。そのことは『往生論註』の中にいろいろと見られるところです。そして彼は病弱であったということもあって、当時の漢方の医学、医療も学んでいたようです。それで江南にいた、陶弘景という神仙の術を身につけていた道士を訪ねて、不老長寿の術、長生きの方法を習い、仙術の経典を授かったといいます。ところがその帰途に、インドからきた菩提流支に会い、その誤りを論され、まことの長寿の意味について教えられて、仙経を焼いて浄土教に帰依したといいます。このことについては、道宣の『続高僧伝』に伝えるところですが、それについては幾多の疑問があって、にわかには信用しがたいところです。

その点、曇鸞における浄土教への帰入は、基本的には、自らの仏教理解の根本的立場であった中観仏教の祖としての、龍樹の浄土教思想に導かれて到達した境地であったといいうるようです。曇鸞が、その『讃阿弥陀仏偈』に、

本師龍樹摩訶薩、形を像の始めに誕じて頽綱を理え、邪扉を関閉して正轍を開く。是れ閻浮《えんぶ》提《だい》の一切の眼なり。尊を伏承して歓喜地を悟り、阿弥陀に帰して安楽に生ず。（中略）南無慈悲龍樹尊、至心に帰命して頭面に礼す。（真聖全一、三六四頁）

と明かして、阿弥陀仏に帰依した龍樹を本師と讃えて尊敬することにも、そのあたりの事情がうかがわれるようです。

なおまた『続高僧伝』によりますと、大通年中、五十歳をすぎたころ、江南に至り、梁の武帝に謁して仏性義を論じたといい、武帝はその学識に感歎して、帰北後の曇鸞を菩薩と讃えて礼拝したといいます。また『続高僧伝』によりますと、東魏の孝静帝も、曇鸞を尊仰して「神鸞」と呼び、その勅によって并州の大寺に住し、さらに後には、汾州北山の石壁玄中寺に住したといいます。

そしてまた曇鸞は、熱烈な伝道者でもあったようで、道綽の『安楽集』によれば、

一切の道俗を問うことなく、ただ法師と一面相遇うものは、もしいまだ正信を生ぜざるは勧めて信を生ぜしめ、もしすでに正信を生ずるものには、みな勧めて浄国に帰せしむ。（真聖全一、四一四頁）

と明かし、迦才の『浄土論』によると、信者を教化することは臨終に至るまで倦むことがなかったといい、多くの信者があったことを伝えております。

そしてまた『続高僧伝』によりますと、東魏の興和四（五四二）年に、六十七歳にして汾州の平遙山寺にて没したといい、その後に、勅によって汾州の泰陵文谷に葬して碑を建たと伝えます。ただし、迦才の『浄土論』などによりますと、斉（五五〇年以降）のはじめ

にも生存していたと記しておりますので、その没年にはいささか疑義があります。

2　曇鸞の撰述

曇鸞の浄土教にかかわる撰述については、『無量寿経優婆提舎願生偈註』（『往生論註』『浄土論註』）二巻、『讃阿弥陀仏偈』一巻、および『略論安楽浄土義』一巻の三部があります。その『往生論註』とは、天親の『無量寿経優婆提舎願生偈』（『往生論』『浄土論』）を註解したもので、その内容については後に至って説明いたします。

またその『讃阿弥陀仏偈』とは、『無量寿経』にもとづいて、阿弥陀仏と浄土の荘厳功徳について讃歎したもので、全体で百九十五行、百九十句より構成されております。はじめの二十八行は阿弥陀仏の荘厳功徳について讃歎し、後は浄土の荘厳とそこに住する聖聚、菩薩の功徳について讃歎したものであります。親鸞がこの『讃阿弥陀仏偈』に依拠して、『讃阿弥陀仏偈和讃』四十八首を作成していることは周知のところでありましょう。

また『略論安楽浄土義』とは、阿弥陀仏の国土、安楽浄土について、六番の問答をもって略記したものです。その第一の問答では、浄土は欲界、色界、無色界の三界を超えたものだと主張し、第二の問答では、その浄土が三厳二十九種の荘厳によって成立していることを明かします。第三問答では、浄土に往生する人について、三輩九品の因縁、差別を明かし、第四問答では、化土胎生の人について論じます。そして第五問答では、その胎生者について、それは仏智（不思議智、不可称智、大乗広智、無等無倫最上勝智）を解了しないことによると明かし、第六問答では、凡夫が浄土に往生するには十念相続によるといい、その内実と、その成立の構造について述べております。

ところでこの『略論安楽浄土義』をめぐっては、従来その真撰に疑義がだされていましたが、今日では隋代および唐代のものと推定される写本にして、『讃阿弥陀仏偈』と『略論安楽浄土義』とを合冊した『讃阿弥陀仏並論』という尾題をもつ残欠本二部が、敦煌より発見されていることから、学界の大勢としては曇鸞真撰のものと考えられるようになっています。ことにこの『略論安楽浄土義』の内容を検しますと、『往生論註』における「十念相続」「自力他力」「業道如称重者先牽」などという、思想的な特色をもつ用語が引用されているということからすると、それは曇鸞の『往生論註』と共通し、それを継承したものであることが知られます。そしてまた、それを道綽の『安楽集』に対比しますと、その第二大門の広施問答においては、『略論安楽浄土義』の七喩を忠実に引用し、あるいはまた十念相続についての渡河の譬をも踏襲している点など、それが『安楽集』に先行する著作であることも明らかであります。かくしてこの『略論安楽浄土義』は、曇鸞から道綽までの、わずか五十年ぐらいの間に成立したものであることが知られますが、それが曇鸞以外の別人によって著わされたものであるとは、当時の諸状況を勘案するかぎり、とうてい考えられません。そしてまた、この『略論安楽浄土義』の中の第二問答には、

問うて曰わく、安楽国に幾種の荘厳ありてか名づけて浄土となすや。答えて曰わく、若し経に依り義に拠らば、法蔵菩薩の四十八願はすなわち是れその事なり。讃を尋ねて知るべし。復重ねて序べず。(真聖全一、三六七頁)

と明かして、浄土の荘厳については、「讃を尋ねて知るべし。復重ねて序べず」といっている点からしますと、「讃」との間には深い思想的共通性と構造的関連性があって、この『略論安楽浄土義』の撰者が、そのまま『讃阿弥陀仏偈』の撰者と同一人物であろうことは、充分にうかがわれるところであります。ましてすでに上においてもふれたように、『讃阿弥陀仏並論』という題を附せられた『讃阿弥陀仏偈』と『略論安楽浄土義』の合冊本が、敦煌で発見されているという事情からすれば、この両者の共通性と関連性、さらには同一人物の著作であろうという推定は、いよいよ確かに思われてくるところです。また道綽の『安楽集』巻上によりますと、その十念仏を明かすについて、『往生論註』巻上の八番問答における十念相続の解説と、『略論安楽浄土義』における渡河の譬喩、および同志結合による十念相続の文を連引していますが、その点からすると、曇鸞を師と仰ぎその浄土教を継承した道綽においては、『往生論註』と『略論安楽浄土義』とは、ことにそ

の基本的な教理としての十念相続については、思想的には共通重層するものであると理解していたことが明らかであります。なおまた、迦才の『浄土論』には、曇鸞について明かすに、

天親菩薩の往生論を註解し裁りて両巻と成す。法師は無量寿経奉讃の七言百九十五行、並びに問答一巻を撰集し、世に流行す。（大正四七、九七頁）

と述べていますが、ここでいう「問答」とは、明らかに『略論安楽浄土義』をさすものと理解されます。この点からしますと、唐代においては、この『略論安楽浄土義』は曇鸞の撰述として、『往生論註』『讃阿弥陀仏偈』と並んで、一般に流行し広く読まれていたことが知られます。大略以上の諸点からして、この『略論安楽浄土義』は曇鸞の真撰と認められるべきであって、いまは学界の大勢にしたがって曇鸞の撰述として見ることといたします。

なおそのほかに『大般涅槃経疏』（残巻）といわれるものが、最近の中国において発見されております。これは曇無讖訳の『涅槃経』の註解書で、その文中に「曇鸞写」の文字があるところから、曇鸞の著述の一部であろうと考えられております。なおまた『妙法蓮華経文句』（智顗）に引用される『大集経』の註釈書があったことが知られます。

そしてまた、仏教書以外では、医療関係のものとして、『療百病雑丸方』『論気治療方』

などがあったことを伝えております。

二　『往生論註』の梗概

1　『往生論註』の組織

『往生論註』の組織

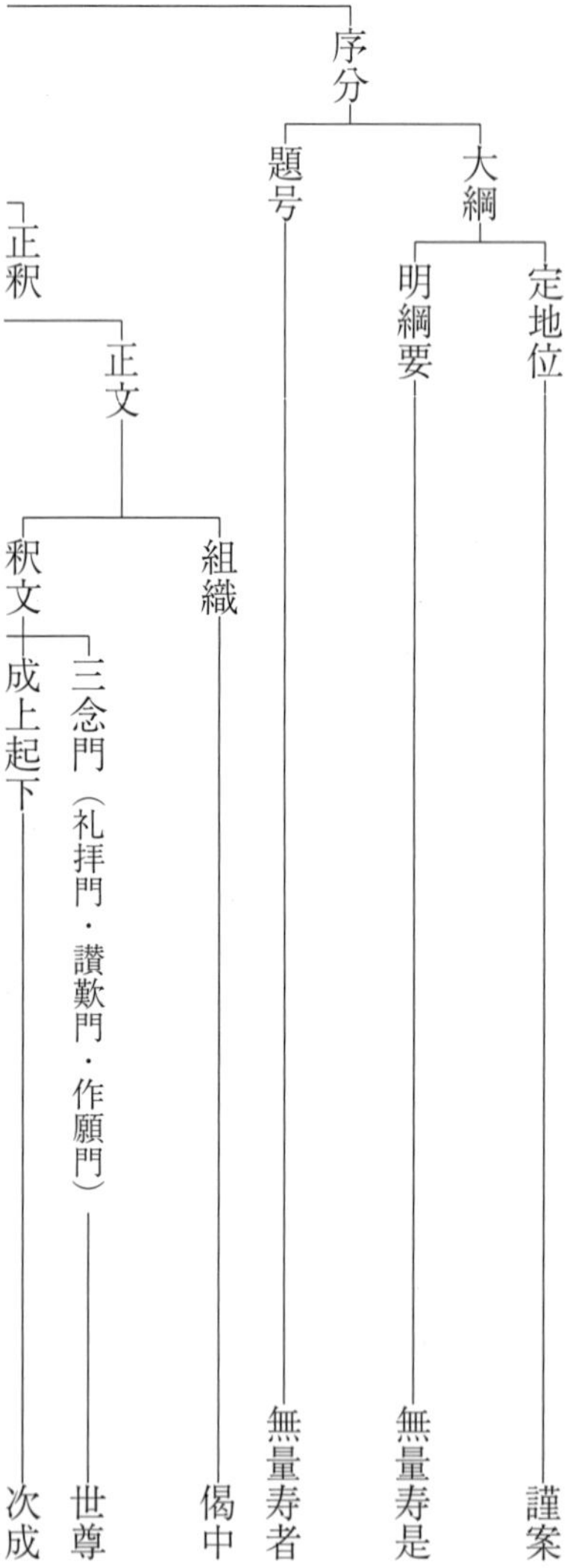

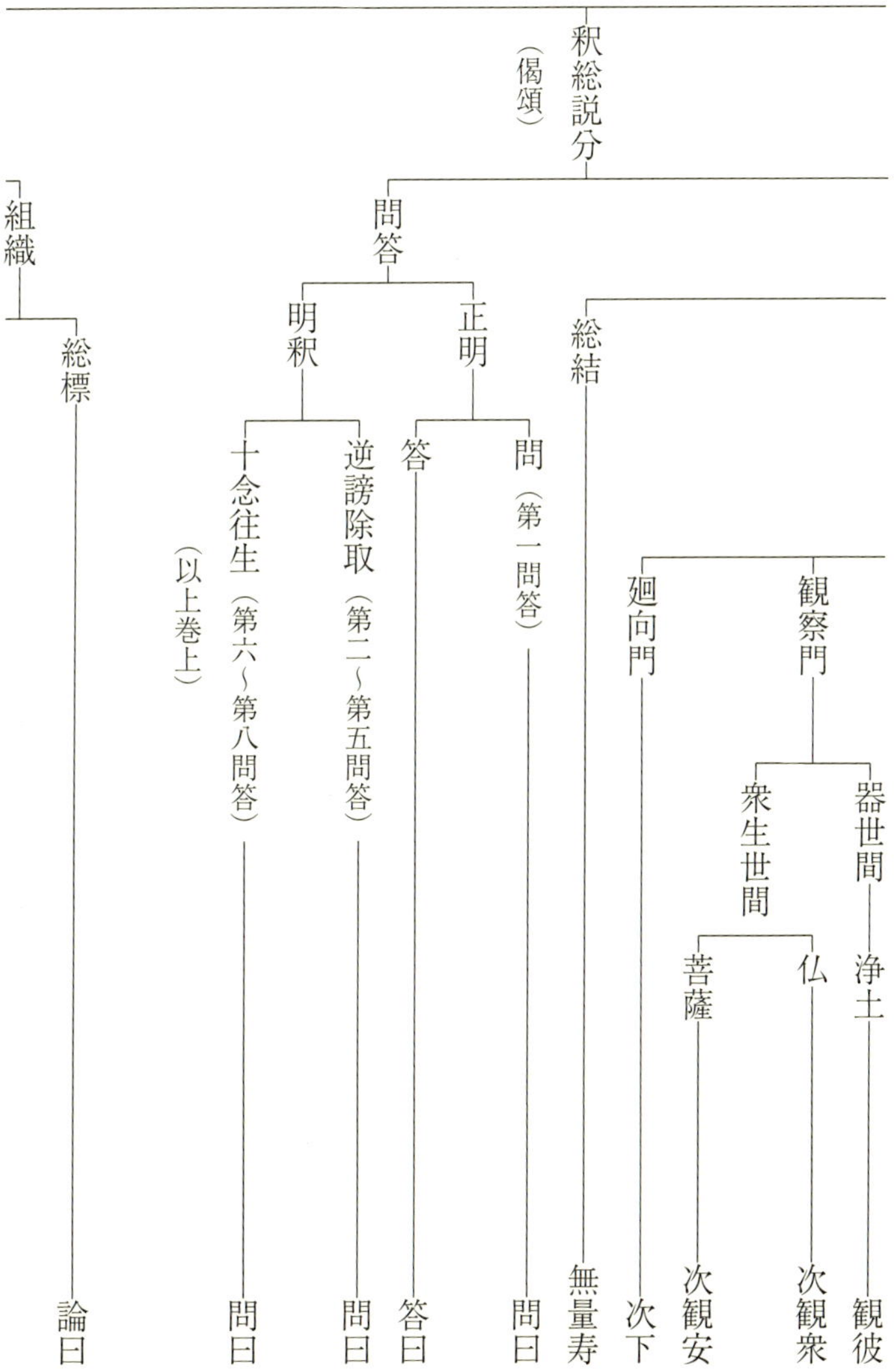
釈総説分
（偈頌）
問答
総結
正明
明釈
問
（第一問答）
答
逆謗除取
（第二～第五問答）
十念往生
（第六～第八問答）
（以上巻上）
組織
総標
観察門
廻向門
器世間
衆生世間
浄土
仏
菩薩
観彼
次観衆
次観安
次下
無量寿
問曰
答曰
問曰
問曰
論曰

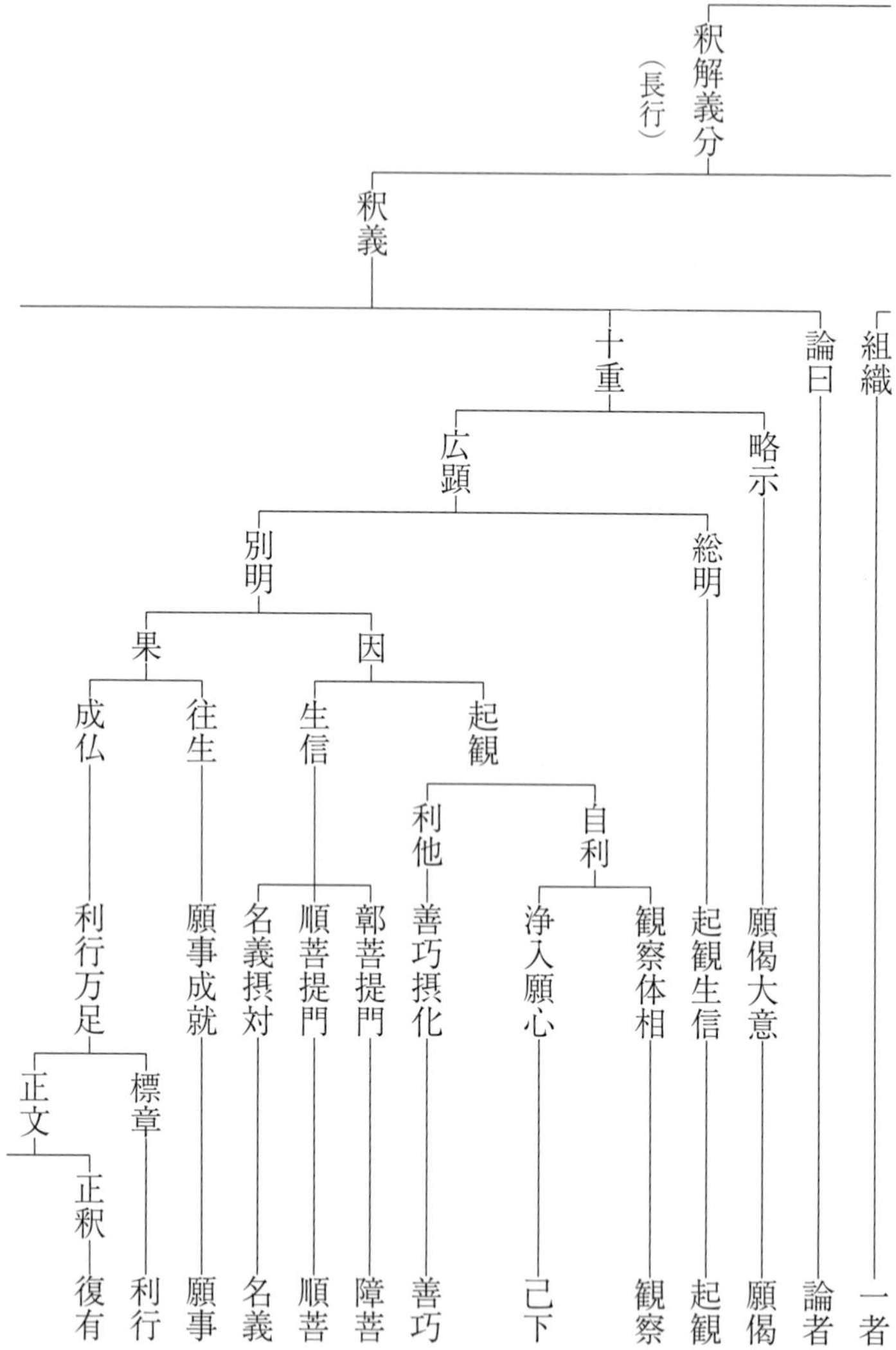

組織
一者
釈解義分
（長行）
論曰
論者
釈義
十重
略示
願偈大意
願偈
広顕
総明
起観生信
起観
別明
因
起観
自利
観察体相
観察
浄入願心
己下
利他
善巧摂化
善巧
生信
鄣菩提門
障菩
順菩提門
順菩
名義摂対
名義
果
往生
願事成就
願事
成仏
利行万足
標章
利行
正文
正釈
復有

「問答―問曰
総結―――無量寿

（以上巻下）

「上巻」の観察門における浄土、仏、菩薩の三種荘厳の内容は、基本的には、上に掲げたところの『浄土論』と同じです。

「下巻」の釈義、十重のおよその内容は次のとおりです。

一、願偈大意――『浄土論』の願生偈の大意について明かします。
二、起観生信――浄土の仏道が五念門行による生信心の道であることを明かします。
三、観察体相――阿弥陀仏と浄土の三種荘厳の体（本質）と相（形状）について明かします。
四、浄入願心――その三種荘厳はついには願心、真如に帰入することを明かします。
五、善巧摂化――五念門行の利益は他の人々に廻向すべきことを明かします。
六、鄣菩提門――五念門行を修めることによって煩悩を離れることを明かします。
七、順菩提門――五念門行を修めることによって自心を清浄にすることを明かします。
八、名義摂対――上の六、七はついには妙楽勝真心（信心）の成就に摂まることを明かします。

九、願事成就――五念門行によってまさしく浄土に往生できることを明かします。

十、利行万足――浄土往生の後に利他行を実践して成就することを明かします。

（真聖全一、二七九～三四九頁）

2 『往生論註』の解説

次に上に掲げた組織表にしたがって、『往生論註』をめぐるおよその解説をいたしましょう。この『往生論註』とは、天親の『浄土論』（『往生論』）を細かく註解したもので、上下二巻に分かれます。そしてその上巻では『浄土論』の偈頌《げじゅ》について解釈し、下巻ではその偈頌に対する説明としての長行《じょうごう》について解釈いたします。

そこでその上巻の最初には、

謹んで龍樹菩薩の十住毘婆沙を案ずるに、いわく菩薩、阿毘跋致を求むるに二種の道あり。一には難行道、二には易行道なり。難行道とはいわく、五濁の世、無仏の時において、阿毘跋致を求むるを難となす。（中略）易行道とはいわく、但だ信仏因縁を以って浄土に生まれんと願ずれば、仏の願力に乗じてすなわち彼の清浄の土に往生をう、仏力住持してすなわち大乗正定の聚に入る。正定はすなわち是れ阿毘跋致なり。

誓えば水路の乗船はすなわち楽しきが如し。此の無量寿経優婆提舎はけだし上衍の極致、不退の風航なるものなり。（真聖全一、二七九頁）

と明かして、龍樹の『十住毘婆沙論』の難易二道判の文を引用しつつ、今日のような五濁にして無仏の時代には、すべからくその易行道を学ぶべきであるといい、その易行道とは、まさしく天親の『浄土論』の教説にほかならないと主張いたします。

そして以下、その偈頌の文を、礼拝門、讃歎門、作願門、観察門、廻向門なる五念門行に配当して捉え、まず礼拝門、讃歎門、作願門について種々と明かしながら、浄土往生を勧励いたします。次いで観察門については、『浄土論』の偈頌の所明にしたがいつつ、器世間なる浄土の荘厳功徳については、第一清浄功徳、第二量功徳、第三性功徳、第四形相功徳、第五種々事功徳、第六妙色功徳、第七触功徳、第八水功徳、第九地功徳、第十虚空功徳（『浄土論』では、この水、地、虚空の三種を合して三種功徳としますが、いまはそれを三種それぞれに開いて明かします）、第十一雨功徳、第十二光明功徳、第十三妙声功徳、第十四主功徳、第十五眷属功徳、第十六受用功徳、第十七無諸難功徳、第十八大義門功徳、第十九一切所求満足功徳の十九種（十七種）の荘厳功徳について詳細に解説いたします。それら功徳の基本的な内実については、すでに上の天親の『浄土論』のところで述べたとおりです。

そして次いで、衆生世間なる仏と菩薩の荘厳功徳について明かします。その仏の荘厳功徳については、第一座功徳、第二身業功徳、第三口業功徳、第四心業功徳、第五大衆功徳、第六上首功徳、第七主功徳、第八不虚作住持功徳の八種について詳細に解説いたします。それらの功徳の基本的な内実については、上の『浄土論』のところで明かしたとおりです。

そして次いで、浄土の菩薩の荘厳功徳について語ります。その内容は、第一不動而至功徳、第二一念普照功徳、第三無相供養功徳、第四示法如仏功徳の四種について詳細に説明いたします。それらの功徳の基本的な内実についても、すでに上の天親の『浄土論』のところで述べたとおりです。

そして第五の廻向門については、上における礼拝門、讃歎門、作願門、観察門の実践によって身にうる功徳を、あまねく人々、大衆に廻向、布施して、ともに浄土に往生したいと願ずることをいいます。

以上で、上巻の偈頌をめぐる解説はおわるわけですが、曇鸞はその巻末に、八番、八種の問答を設定して、第一問答では浄土に往生するものはいかなる人間かと設問し、それに答えて、どれほど罪業深重なる下品の悪人でも、十念相続するならば、その「信仏因縁」をもって、ひとしく浄土に往生することができると明かします。

そしてそのことをめぐって、第二問答から第五問答までは、『無量寿経』の第十八願文では、五逆罪と謗法罪を犯かしたものは往生できないと説き、『観無量寿経』の下品下生の文では、五逆罪、十悪を犯かしたものでも往生できると明かしているが、この経説の矛盾はいかに理解すべきかを問います。そしてそれに答えて、第十八願文では、五逆罪と謗法罪の復罪を犯かすところ、往生できないといったわけで、下品下生の文は、五逆罪という単罪を犯かすところ往生できるといったので、さらにいえば、第十八願文において、謗法罪を犯かしたものが往生できないというのは、そういう人はもともと浄土願生の思念がないところ、その人が往生できないというのは当然のことであると明かしております。

そしてまた、第六問答から第八問答では、『無量寿経』の第十八願文に「十念」と説き、また『観無量寿経』の下品下生の文にも「十念」を語って、その十念によって浄土に往生できるといいますが、その十念の内容をめぐって問答いたします。そしてこの十念とは、人間における臨終にかかわる心相を問題とするところで、ここで曇鸞は、人間における罪の問題と死の問題に焦点を絞って、浄土のまことの行道を開顕しようとしていることがうかがわれます。その十念の問題をめぐっては、後に至って改めて考察することといたします。

そこで次に、下巻の内容について概観いたします。この下巻は、『浄土論』の長行、すなわち、そこでは上の偈頌の所明をうけて、今生における浄土往生の行道と、来世における成仏正覚のための行道の、二種の行道について明かすわけですが、ここではその全体を十門、十章に分けて解説いたします。すなわち第一願偈大意、第二起観生信、第三観察体相、第四浄入願心、第五善巧摂化、第六離菩提鄣（鄣菩提門）、第七順菩提門、第八名義摂対、第九願事成就、第十利行万足の十種です。

その第一願偈大意とは、その『浄土論』に明かすところの願生偈とは、これから解説するところの浄土往生の道が、ひとえに阿弥陀仏とその浄土を観見していく行道であることを明かします。

そして第二の起観生信とは、その行道について、さらに詳細に明かすならば、それは五念門行、すなわち、礼拝門、讃歎門、作願門、観察門、廻向門の五種の行業を修習することにより、よく次第に信心を成就していき、その信心を因としてこそ、よく浄土に往生することができるというわけです。

ところで、ここで明かされるところの、曇鸞における五念門行をめぐる理解には、まったく独自な発想が見られます。すなわち、『浄土論』が明かすところの浄土往生の行道としての五念門行は、「善男子善女人」なる凡夫菩薩の行道として語られていますが、それが止観中心の行道であるかぎり、その行道を実践することはまことに至難な道といわねばなりません。しかしながら、曇鸞は自らの仏教理解の基本的立場としては、その浄土の行人を徹底して「一切の下の凡夫人」（『往生論註』真聖全一、三〇七頁）として捉えることにより、まったく低下なる凡夫相応の行道として、この五念門行を領解したわけであります。すなわち、曇鸞によって理解された五念門行とは次のとおりです。

その第一の礼拝門については、『往生論註』に、

今はまさに常に願生の意を作すべし。ゆえに阿弥陀如来を礼するなり。（真聖全一、三一三頁）

と明かして、礼拝とはたんに恭敬の意を表す行為だけではなくて、まさしくは「願生の意」を含むべきものであると理解しております。それはまた曇鸞が帰命を釈するについて、

礼拝は但だ是れ恭敬にして必ずしも帰命にあらず、帰命は必ず是れ礼拝なり。（『往生論註』真聖全一、二八二頁）

と述べることにも通じるものでありましょう。かくして曇鸞にとっては、礼拝門とはたんなる身業にとどまらず、その根底において、ひとえに阿弥陀仏に帰命し、その浄土に対して願生の思念をもつべきものでありました。

そして次の第二の讃歎門については、口業をもって阿弥陀仏を讃嘆称揚することであり、ここではまさしく「無碍光如来の名を称する」（『往生論註』真聖全一、三一四頁）ことを意味しますが、曇鸞におけるこの讃歎門としての称名の意味は、その名号観において、

彼の無碍光如来の名号は、よく衆生の一切の無明を破し、よく衆生の一切の志願を満

たす。(『往生論註』真聖全一、三二四頁)

と明かすように、名号そのものに不可思議の功徳が具足されていると見るのであって、その名号を称すれば、またその功徳が自らの身に現成、付与されると考えました。すなわち、曇鸞は、のちに至って詳しく説明するように、阿弥陀仏の名号をダラニ、禁呪と同質に捉えて、それを称するならば、その身から罪過が消滅し、無量の功徳、利益が授与されると理解しております。ここに曇鸞における讃歎門としての称名行の意味があります。そして曇鸞は、この五念門の中の礼拝門と讃歎門の二門は、いずれも此土、現世の行業として明かしておりますが、次の作願門、観察門、廻向門の三門は、此土と彼土、現世と来世にわたる二世の行業として明かしており、この点はことに『浄土論』と相違する点であります。

すなわち、その第三の作願門については、『往生論註』では、作願とは「止」の意味があり、しかもそれには三義があるとして、

一には一心に専ら阿弥陀如来を念じて彼の土に生まれんと願ずれば、此の如来の名号および彼の国土の名号はよく一切の悪を止む。

二には彼の安楽土は三界の道を過ぎたり、もし人また彼の国に生ずれば自然に身口意の悪を止む。

三には阿弥陀如来の正覚住持の力をして自然に声聞、辟支仏を求むる心を止む。(真

聖全一、三一五頁）

と明かしています。その第一義は、此土にして至心に阿弥陀仏を念じて浄土に生まれんと願ずれば、その如来と浄土の名号の功徳によって、日々の生活においてあらゆる悪業を止めることができるというわけです。そして第二義は浄土に往生をうれば、その国土は三界を超過した清浄界のゆえに、自然に三業の悪を止めることになるといいます。そしてまた第三義は浄土に往生をうるものは、阿弥陀仏の仏力によって、声聞、辟支仏地に自己満足する小乗心を止めることとなるといいます。かくして曇鸞における作願門とは、此土の行業としては、阿弥陀仏を専念して浄土を願生しつつ、そこにいっさいの悪業を止めていくということであって、それは本来の奢摩他なる作願門の意味とはまったく異なった理解でありました。

そして次の観察門についても、曇鸞はまた二義があるとして、

一には此に在りて想を作して彼の三種の荘厳功徳を観ずれば、此の功徳如実なるがゆえに修行する者もまた如実の功徳をうる。如実の功徳とは決定して彼の土に生ずることをうるなり。

二にはまた彼の浄土に生ずることをうれば即ち阿弥陀仏を見て、未証浄心の菩薩は畢竟じて平等法身を証することをう、浄心の菩薩と上地の菩薩と畢竟じて同じく寂滅平

等をうる。（『往生論註』真聖全一、三二六頁）

と明かしています。その第一義は、此土の現実世界において、阿弥陀仏と浄土の三種荘厳功徳を観ずることであり、その荘厳功徳を観想するところ、またその如実功徳を自らの身に獲得し、その功徳によって浄土に往生をうることとなるというのです。そして第二義は、当来に浄土に往生をうれば、阿弥陀仏を見て浄心をえ、平等法身、初地以上の証果を証得することができるというわけです。曇鸞においては、初地、正定聚、不退転地とは、浄土に往生することによってうる利益として理解されます。すなわち、曇鸞における観察門とは、此土の行業としては、阿弥陀仏と浄土の三種荘厳を観想し、またそれによって阿弥陀仏とその浄土の功徳を、自らの身に付与されることをいうものであって、それもまた、本来の毘婆舎那なる観察門の意味とは、かなり相違して理解されております。

そして次の第五の廻向門については、曇鸞はこれにも此土と彼土、往相と還相の二義があるとして、

往相とは己れの功徳をもって一切の衆生に廻施し、作願して共に彼の阿弥陀如来の安楽浄土に往生する。

還相とは彼の土に生じ已り奢摩他毘婆舎那をえて方便力を成就し、生死の稠林に廻入して一切の衆生を教化し共に仏道に向う。若しくは往、若しくは還、皆衆生を抜いて

生死海を渡せんがためなり。（『往生論註』真聖全一、三一六〜三一七頁）

と述べております。すなわち、第一義の往相とは、此土の行人が自分の善根功徳をいっさいの人々に廻施して、ともに浄土に往生せんと願うことであり、第二義の還相とは、浄土に往生したのち、利他の方便力を成就することをえて、この現実の煩悩界に廻入して、いっさいの人々を教化することをいいます。

以上見てきたように、曇鸞における五念門行の理解は、『浄土論』の当意とはかなり相違しているわけで、ことにその作願門、観察門、廻向門については、此土と彼土、現世と来世の、二様の行業として捉えられていることは注目されるべき点であります。曇鸞がこのように五念門行を解するのに、ことに作願門、観察門、廻向門について、此土と彼土の二種の行業に分けて理解し、しかもその意味をその当意と相違して解釈したのは、『浄土論』における五念門行の意趣が、高級な止観中心の行業であると捉えたところ、それを凡夫相応の易行として解釈しようとしたことによるものであります。そしてそのことは、またさらにいえば、五念門行の中の、作願門、観察門、廻向門は、此土なる往生のための行業としての意味をもちながらも、またそれは浄土に往生した後に修めるべき、成仏のための、いわゆる五果門に属する行業としての意味をもつものでもあって、曇鸞においては、ここにおいて修すべきまさしき浄土往生の行業としては、その五念門行の中でも、礼拝門、讃歎門にこそ、もっとも重要な意味があったわけであります。かくして曇鸞における五念門行の理解は、『浄土論』における五念門の当意が、作願門と観察門なる止観中心の行業であったのに対して、ひとえに礼拝門と讃歎門なる帰命、願生と称名、さらにいえば称名中心の行業として捉えられていることが知られます。このことは上に見たところの、龍樹浄土教における三業奉行、ことにはその称名行の思想を継承していることが明白です。その点、ここには五念門行をめぐって、天親浄土教から曇鸞浄土教への、大きな展開の跡が見られるところであります。

次の第三の観察体相とは、上に述べたところの観察門について、その観察の対象としては、すでに上に見た阿弥陀仏の浄土をめぐる十七種の荘厳功徳、阿弥陀仏の仏身をめぐる八種の荘厳功徳、またその浄土の菩薩たちをめぐる四種の荘厳功徳、合計二十九種の三種荘厳について、その体（本質）と相（形状）について明かします。そしてそれら三種荘厳を観察する方法については、「観無量寿経に依るべし」（真聖全一、三二九頁）といって、『観無量寿経』に説くところの、定善の観法にしたがうように説いております。なおその体、本質については、次章において詳細に説明いたします。

また次の第四の浄入願心とは、上に明かしたところの阿弥陀仏とその浄土の三種荘厳は、阿弥陀仏の願心によって成立したものだといい、それはさらにいえば、「略説して一法句に入る」（真聖全一、三三六頁）といいうると語ります。ここでいう一法句とは、唯一（一）なる真理、真実（法）の言葉（句）ということで、曇鸞はそれを説明して、「いわく清浄句なり。清浄句とは、いわく真実智慧、無為法身」（真聖全一、三三七頁）と明かします。そして阿弥陀仏の三種荘厳が広であり、この一法句が略であって、この広と略とはよく相入して、その三種荘厳は、ついにはこの一法句、真実智慧、無爲法身に摂まり、またその一法句は、よく展開して三種荘厳となるといいます。そして曇鸞は、さらにその広と略について説明し、仏に法性法身と方便法身があるといいます。その法性法身とは、真如、真実のことで、親鸞はそれについて、

法性法身とまうすは、いろもなし、かたちもましまさず、しかればこころもおよばず、ことばもたえたり。（『唯信鈔文意』真聖全二、六三〇頁）

と明かしています。またその方便法身とは、その真如、法性が世間に示現したことをいい、親鸞はそれについて、

この一如よりかたちをあらはして方便法身とまうす。その御すがたに法蔵比丘となのりたまひて、不可思議の四十八の大誓願をおこしあらはしたまふなり。（『唯信鈔文意』真聖全二、六三〇～六三一頁）

と語っているところです。そしてこの二種の法身は、異にして分けることができず、一に

して同じることもできないで、よく広略相入するといいます。このことは今日的な表現にかえていえば、阿弥陀仏とその浄土とは、出世的、究極的な仏の「さとり」、真実というものを、世俗の世界のために象徴的に表現したものであって、経典がさまざまに教説するところの阿弥陀仏と浄土の荘厳相は、その本質（体）に帰結していえば、すべて仏の「さとり」、真実にほかならないということであります。

そして次の第五善巧摂化とは、仏があらゆる人々を巧妙に教化し摂取することをいい、上に見たところの第三観察体相、第四浄入願心は、いずれも自利の側面について説いたものですが、ここでは利他の側面について語るわけで、五念門行を修めてうるところのすべての善根功徳は、決して自分自身の利益のためのものではなくて、そのすべてをあらゆる人々に廻向して、ともに浄土を願生すべきであります。その意味において、仏の「さとり」を求める無上菩提心とは、すなわち願作仏心であり、その願作仏心とは、すなわち度衆生心でなければならないと明かします。

そして次の第六鄣菩提門とは、その五念門行を修めることにより、自己の内にひそむ仏道を妨げる心を捨てて、次第に自分自身の心が清浄になっていき、その智慧門によって自身に貪着する心を離れ、その慈悲門によって人々の苦悩を抜いて安楽を与え、その方便門によってあらゆる人々と連帯し、共生することとなるといいます。

またその第七順菩提門とは、その五念門行を修めることによって、次第に自身の心が仏の「さとり」に順応することとなり、我執の心を離れて無染清浄心となり、人々の生活を安らかにするための安清浄心となり、さらにはあらゆる人々を、浄土にまで導くための楽清浄心となることをいいます。かくして前の第六鄣菩提門の智慧門と慈悲門と方便門の三門は、第七順菩提門の無染清浄心と安清浄心と楽清浄心の三心にそのまま対応するわけで、それはまた自利利他の実践の成就をも意味するわけであります。

そして第八の名義摂対とは、上に説いたところの第六鄣菩提門の三門と第七順菩提門の三心は、その名称と意義が、浄土往生の正因としての妙楽勝真心に摂まるということをいいます。すなわち、上の第六鄣菩提門の智慧門と慈悲門と方便門の三門は、そのまま般若（自利）と方便（利他）に摂まり、また第七順菩提門の無染清浄心と安清浄心と楽清浄心の三心は、そのまま無障心としての妙楽勝真心（信心）に摂まるというわけです。

そして第九の願事成就とは、その願事とは、浄土に往生したいという志願のことで、上に述べたところの三門、三心を成就するならば、まさしく浄土に往生することが成就することとなります。すなわち、

かくのごとく菩薩は智慧心、方便心、無鄣心、勝真心をして、よく清浄の仏国土に生ず。まさに知るべし。（『往生論註』真聖全一、三四三頁）

と明かすところです。このことはさらに要約していうならば、自利利他なる五念門行を修習していくならば、自己自身の心が次第に清浄となっていき、まことの信心を開発、成就することとなり、その真実信心（妙楽勝真心）によって、よく浄土に往生することができるというわけです。天親がその『浄土論』において、「いかんが観じ、いかんが信心を生ずる」（真聖全一、二七〇頁）と語ったものが、この曇鸞の『往生論註』では、このように、仏教の原理にしたがって、まことに詳細に明かされているところです。

そして最後の第十利行万足では、私たちが来世において浄土往生ののちに修習すべき、成仏正覚をめざすところの行業について明かします。その行業とは、いわゆる五果門（五種門）といわれるもので、上に見たところの五念門としての、礼拝門、讃歎門、作願門、観察門、廻向門の五種の行業をいいます。浄土においても、またこの五念門行を実践せよということです。そしてここでは、その五果門に対配して、近門、大会衆門、宅門、屋門、園林遊戯地門の五門を語ります。その第一の近門とは、浄土に往生すれば正定聚、不退転地に住することとなり、仏の「さとり」に近づいていくことをいうわけです。近門といわれる意味がここにあります。その第二の大会衆門とは、浄土での行業がいっそう積重されていきますと、阿弥陀仏の教説を学ぶ多くの仲間、同行衆に参加することとなります。大会衆門といわれる意味です。第三の宅門とは、その行業がさらに深化していきますと、浄土における禅定、三昧の家宅に入ることができます。ここではそのことを蓮華蔵世界に入ると明かしております。第四の屋門とは、さらに仏道が進展していきますと、まさしく仏の「さとり」、真理を観ずる境地に至り、さまざまな法味の楽しみを受用することができるようになります。それが屋門といわれる意味であります。そして第五の園林遊戯地門とは、生死の園、煩悩の林なるこの迷界に還来、遊戯して、あらゆる人々を教化しつつ、浄土に往生せしめるという利他の働きかけをいいます。その点、はじめの四門は入の門といって自利の行をいい、のちの一門は出の門といって利他の行について明かすわけで、ここでもまた、成仏のための行業が、自利利他円満の行であるべきことを説きます。かくして曇鸞は、

菩薩はかくのごとく五念門を修し、自利利他して、すみやかに阿耨多羅三藐三菩提を成就することをうるが故に。（『往生論註』真聖全一、三四六頁）

と説くところです。

以上、曇鸞は天親の『浄土論』の所明にしたがって、五念門行を修習することによって、次第に妙楽勝真心（信心）を成就して浄土に往生し、さらにはまた、その浄土において、五果門行なる自利利他の行を実践することにより、ついには仏の「さとり」、仏果を得証することができると明かすわけです。

ところで曇鸞は、この『往生論註』の下巻においても、上巻と同じように問答を設定して、私たちが浄土に往生して、速やかに仏の「さとり」をひらくことができるのは、いかなる因縁によるものであるかという問いを発し、それに答えて、そのことはひとえに、阿弥陀仏の「本願力」を因縁とするからであると明かしております。そしてその本願力について、『無量寿経』の第十八願文「念仏往生の文」と、第十一願文「正定滅度の文」と、第二十二願文「還相廻向の文」の、三種の願文を引用しております。その第十八願、念仏往生の願文とは、すでに上において論述したように、阿弥陀仏の浄土に往生する道としては、『浄土論』『往生論註』では、いちおう五念門行によると明かしますが、曇鸞における浄土往生の行道とは、のちに改めて考察するように、基本的には、この第十八願文に依拠して、十念相続の道として理解しているところであって、ここで浄土往生の行道を第十八願文によると明かすことは必然であります。またその五果門を明かすについて、浄土に往生すれば、その当然の利益として、正定聚、不退転地に住すること、近門に至るということも、この第十一願文にもとづいて明かされるところです。すでに見たように、この正定聚、不退転地とは、〈無量寿経〉および龍樹浄土教、天親浄土教では、いずれも現生における信心にもとづく利益でありましたが、曇鸞ではこのように来世、浄土往生の利益として理解するわけです。そしてまた、上に見た園林遊戯地門の利他行の実践についても、それはひとえに阿弥陀仏の第二十二願、還相廻向の誓願に支持されてこそ、よく成立し、成就していくことであります。曇鸞が、私たちの成仏、仏の「さとり」の開覚については、ひとえに阿弥陀仏の「本願力」「仏願力」にもとづいてこそ、よく成就することを明かし、またそれについて、「他力」ということを主張したことは、充分に注目すべきことでありましょう。かくして曇鸞は、その『往生論註』において、その上巻の結びにおいては門答を設けて、浄土往生の行道としての悪人往生と十念相続の道について明かし、またその下巻の結びにおいても門答を設けて、浄土往生のための第十八願文と、その往生以後における、成仏の行業成立の根拠としての、第十一願文、第二十二願文の、三願文を掲げるわけであります。

以上、『往生論註』上巻と下巻の内実について、およその解説を試みたところであります。

三　曇鸞における浄土往生の道

1　観仏往生の道

曇鸞の浄土往生の道については、すでに上においてもふれたように観仏往生の道が明かされます。それは天親の浄土教思想、その『浄土論』に示される行道でありますが、その『往生論註』が『浄土論』の註解書であるところ、そういう天親の意趣を継承していることは当然でありましょう。

毗婆舎那を観というは、また二義あり。一には此に在りて想を作して彼の三種の荘厳功徳を観れば、この功徳如実なるがゆえに修行すれば如実の功徳をうる。如実の功徳とは決定して彼の土に生をうるなり。二にはまた彼の浄土に生をうれば、すなわち阿弥陀仏を見て、未証浄心の菩薩は畢竟じて平等法身を得証し、浄心の菩薩は上地の菩薩と畢竟じて同じく寂滅平等をうる。（『往生論註』真聖全一、三一六頁）

などと明かすところです。

天親の『浄土論』では、上において見たように、浄土往生の行道として五念門行を教説しますが、その五念門行の中心は観察門であって、阿弥陀仏の三厳二十九種を観察して、妙楽勝真心なる信心を成就するならば、それを因として浄土に往生することができるというものでありました。曇鸞は、ここではいちおう、天親の『浄土論』によって、ここにして観仏行を成ずるならば、浄土に往生できると明かします。しかしながら曇鸞はまた、すでに上に見たように、それは浄土往生をえたのちの、成仏正覚のための行業でもあると捉えました。上に引用した文はそのことについても明かすものです。

2　称名往生の道

曇鸞における浄土往生の道については、また称名往生の道が明かされております。それは龍樹浄土教思想、その『十住毘婆沙論』に示される行道でありますが、曇鸞浄土教が、基本的には龍樹浄土教を伝統していることからすれば、そのこともまた必然でありましょう。

称彼如来名とは、いわく無碍光如来の名を称せよとなり。（中略）かの無碍光如来の名号は、よく衆生の一切の無明を破し、よく衆生の一切の志願を満てたもう。（『往生論註』真聖全一、三一四頁）

かの下品人、法性無生を知らずといえども、ただ仏名を称する力をもって、往生の意をなしてかの土に生ぜんと願ずれば、かの土はこれ無生の界なれば、見生の火自然に滅するなり。（『往生論註』真聖全一、三二八頁）

命終にたる時、たがいに相い開暁して、ために阿弥陀仏の名号を称し、安楽に生まれんと願じて、声々相い次いで十念を成ぜしむべきなり。（『略論安楽浄土義』真聖全一、三七五頁）

などと明かすところです。

龍樹の『十住毘婆沙論』では、すでに上において見たように、現生不退の道として、礼拝、称名、憶念の三業の奉行を語ります。そしてその三業の実践によって信心清浄となり、見仏して不退転地に住し、ついには浄土に往生するというわけです。いまの称名の道とは、その龍樹浄土教の称名の思想を継承したものにほかなりません。

3　信心往生の道

ところで、曇鸞の浄土往生の行道については、また信心往生の道が説かれております。このことは龍樹の浄土教が明かす行道が、信方便易行の道として、礼拝、称名、憶念にもとづく信心清浄の道であり、また天親の浄土教が説くところの行道が、起観生信心の道として、五念門行にもとづくところの妙楽勝真心なる信心を成就する道であったことからす

れば、曇鸞がそれらの両者を継承する以上、また当然の主張でもありましょう。曇鸞がその『往生論註』に、

易行道とは、いわくただ信仏の因縁をもって浄土に生まれんと願ず。仏願力に乗じてすなわちかの清浄の土に往生をうる。（真聖全一、二七九頁）

信仏の因縁にしてみな往生をうる。（真聖全一、三〇八頁）

この十七種の荘厳成就を観ずれば、よく真実の浄信を生じて、必定して彼の安楽仏土に生ずることをうる。（真聖全一、三一八頁）

などと明かすところです。

ところで曇鸞は、その信心について、それが「淳」（純心）であること、「決定」（一心）であること、「相続」（不断）であること（『往生論註』真聖全一、三一四頁）の三点をあげて、その信心とは、至純にして決定であり、それはまた不断に相続すべきであると主張しております。充分に注目すべき教言でありましょう。

4　十念往生の道

なお曇鸞は、その浄土往生の行道について、いまひとつ十念相続の道を明かしております。曇鸞における浄土の行道思想においては、この十念相続の道が中核をなすものと考え

られますが、とすれば、それは上に見たところの観仏往生の道、称名往生の道、信心往生の道といかにかかわるものでありましょうか。そのことを含めて、改めて、その十念相続の行道について考察することといたします。

四　十念相続の道

曇鸞は浄土往生の行道として、十念相続の道を明かしております。すなわち、

十念念仏すれば便ち往生を得る。（『往生論註』真聖全一、三四七頁）

十念を具足して便ち安楽浄土に往生を得る。（『往生論註』真聖全一、三〇九頁）

十念相続して便ち往生を得る。（『略論安楽浄土義』真聖全一、三七四頁）

十念相続するをもって便ち往生を得。（『略論安楽浄土義』真聖全一、三七〇頁）

経に十念と言うは業事成弁を明かすのみ。（『往生論註』真聖全一、三一一頁）

などと示しているものがそれであります。こういう十念業成、十念往生の思想は、龍樹および天親の浄土教ではまったく見られないものでありますが、それは『往生論註』の八番問答の釈（真聖全一、三〇七～三一一頁）、『往生論註』の三願的証の釈（真聖全一、三四七頁）および『略論安楽浄土義』の三輩往生の釈（真聖全一、三六九頁）などによりますと、『無量

寿経』の本願文と下輩の文、および『観無量寿経』の下品下生の文に依拠して主張されていることが明らかであります。ことに曇鸞は、この十念について明かすのに、その三願的証の釈においては、本願文を引用して、

仏願力に縁るが故に十念念仏すればすなわち往生をうる。（『往生論註』真聖全一、三四七頁）

と明かして、この十念の道が、まさしく仏の本願力にもとづく行道であることを示し、またその八番問答の釈においては、『観無量寿経』の下品下生の文にもとづいて、

汝五逆十悪の繫業等を重しとなし、下下品の人の十念をもって軽しとなして、罪のために牽かれて先ず地獄に堕して三界に繫在すべしといわば、今まさに義をもって軽重の義を校量すべし。心に在り、縁に在り、決定に在りて、時節の久近多少には在らざるなり。（中略）三義を校量するに十念は重し。重きもの先ず牽きてよく三有をいず。（『往生論註』真聖全一、三一〇頁）

とも述べて、いかなる罪悪深重の凡夫でも、この十念相続によれば、ひとしく三界の業繫をはなれて、浄土に往生することができると明かしております。すなわち、この十念相続の行道こそ、まさしく阿弥陀仏の本願によって建立され、支持される道であり、しかもまた、罪業深重の凡夫にもよく相応する行道であるというわけであります。このような曇鸞

における浄土往生の行道思想は、その教学の特色として充分に注目されるべきでありますが、それはまた以下の論考において明らかになるように、龍樹浄土教における三業奉行の称名の道、天親浄土教における五念門行の観仏の道ともかさなるものであって、曇鸞における基本的な浄土の行道とは、まさしくはこの十念相続の道であったといいうるわけであります。とすれば、曇鸞におけるこの十念相続の道とは、いかなる内容をもつものであったのでしょうか。

そこでその十念の内実をめぐっては、十念を明かす文は多く見られるところですが、『往生論註』の八番問答における十念の釈によりますと、ここでいう十念とは、直接的には、『無量寿経』の本願成就文と、『観無量寿経』の下品下生の文を対望して、五逆、謗法の悪業と十念の善業との軽重を論じ、浄土往生の人とその行道について明かすものでありますことにその中の第六問答においては、

此の十念は善知識の方便安慰して実相の法を聞くに依って生ず。

此の十念は無上の信心に依止し、阿弥陀如来の方便荘厳真実無量功徳の名号に依って生ず。

此の十念は無後心無間心に依止して生ず。（『往生論註』真聖全一、三一〇頁）

と述べていますが、このいわゆる三在釈義といわれる文によりますと、十念とは、善知識

の教導による聞法にもとづき、無上の信心と名号に依止し、また無後心、無間心なる臨終の時節において成立するものであることが知られます。そしてその第七問答においては、この十念の念について、それが時間の意味ではないことを明かし、次いで原文のままを引用しますと、

但言憶念阿弥陀仏若総相若別相随所観縁心無他想十念相続名為十念但称名号亦復如是。（『往生論註』真聖全一、三一〇頁）

と述べています。この文でいうところの憶念とは、阿弥陀仏の相好を観想する観仏を意味するようにも見られますが、曇鸞における憶念とは、『略論安楽浄土義』において、転輪王の子が罪をえて金鎖に繋がれる時、ひたすらにそれより「免れることを求め、出づることを悕うて念ずる」（真聖全一、三七〇頁）ことをもって「憶念」と呼び、また『往生論註』において、「もし人名を称して、憶念する者、帰依する者、観察する者」（真聖全一、三〇四頁）と説くことからすれば、憶念とはまさしく専ら思念することであって、観念や称名とは明らかに区別されていることが知られます。そしてことにこの第七問答の文については、それを取意した文が道綽の『安楽集』に見られて、そこでは、

但だ阿弥陀仏を憶念して、若しくは総相若しくは別相を、所縁に随って観じ、十念を逕て他の念想間雑すること無し。是れを十念と名づく。（真聖全一、四〇一頁）

と述べております。そこでこの『安楽集』の文と対比考証しますと、上に引用した『往生論註』の「阿弥陀仏若総相若別相随所観縁」という文は、『安楽集』の「阿弥陀仏若総相若別相随所縁観」と明かす文にそのまま重層します。そこで考えられることは、この『往生論註』の「随所観縁」の文は意味が通じがたいわけですが、それを『安楽集』の文のように「随所縁観（所縁に随って観ず）」と訓むと、文意が明瞭になってきます。かくして『往生論註』の文は、「観」と「縁」とが写伝の際に転倒したものと思われ、それはまさしくは『安楽集』のように、「随所縁観」と訂正されるべきであろうと思われます。したがってこの第七問答の文は、

但だいうこころは、阿弥陀仏を憶念し、若しくは総相若しくは別相を、所縁に随いて観じ、心に他想なくして十念相続するを名づけて十念となす。但だ名号を称するもまた復是のごとし。

と訓まれるべきであり、阿弥陀仏を憶念して、その総相もしくは別相を所縁によって観仏していくことにより、その憶念の心が他想まじわることなく相続され、そこに新たなる宗教的な境地、さらにはまた宗教的な功徳が成就されていく時、そのような心の境地、ないしは心の状態を十念と明かしたものであると理解すべきでありましょう。そしてこのように訓む時、また次の「但だ名号を称するもまた復是のごとし」という文は、観仏に対する

称名について明かしたものとして、その観仏行に代るに、称名行によっても、また他想なき憶念の心の相続深化として、そこに十念の境地が成立してくるということを示したものでありましょう。

ところで、曇鸞における憶念、念の意味については、いまは繁をさけて一々の文例は掲げませんが、曇鸞においては、阿弥陀仏を信ずることと阿弥陀仏を念ずること、すなわち「信」と「念」とは、同じ意味内容をもつものとして理解されております。そのことは三信の展転相成を明かす文において、

信心淳からざるをもってのゆえに決定なし。決定無きがゆえに念（信）相続せず。また念（信）相続せざるがゆえに決定の信をえず。決定の信をえざるがゆえに心淳からざるべし。（『往生論註』真聖全一、三一四頁）

と述べているところにも明瞭に見られるものであります。すなわち、この文は、三信の展転相成を明かすもので、それは信心が淳でないから信心が決定せず、信心が決定しないから信心が相続しないということ、そしてまた、信心が相続しないから信心が決定せず、信心が決定しないから信心が淳でないということを明かしたものですが、この文においては（信）をもって示したように、本来には信ないし信心の語を置くべきところに、「念」の字を当てているわけで、曇鸞においては、「信」と「念」とはシノニムとして用いられてい

ることがうかがわれます。そしてまた曇鸞においては、上に見たように、信心とは阿弥陀仏に対する信知ないしは専念の心のことであるとともに、その心の不断の相続態を意味するものでありますが、曇鸞はまた十念を明かすについても、その典拠となった経文に見られないところの「相続」の語を付加して、ことさらに十念相続といい、その十念を釈するについても、

心に他想なくして十念相続するを名づけて十念となす。(『往生論註』真聖全一、三一〇頁)

他心間雑することなく心心相次ぎ乃至十念するを名づけて十念相続となす。(『略論安楽浄土義』真聖全一、三七五頁)

などと語って、十念とは、阿弥陀仏を念じて他想なくして心心相続することであると明かしております。これらのことからしますと、信心と十念を明かすについて、ともに心心相続と明かされる点において、信心相続と十念相続、信と念とはまったく同じ範疇に属するものであって、十念が心に他想なく相続すると明かされる場合、その心に他想なしとは、心において明確に決定信知することを意味し、その相続とは、かかる決定信知の心の不断相続のことであって、それは上に見た三信でいえば、淳にして一なる決定信知の心と、その相続を意味するものであるといいうるでしょう。その点、曇鸞においては、信心とは、

すなわち、そのまま憶念を意味するものであったといいうるところです。

そしてまた、その最後の第八番問答においては、十念についての「十」というも、それはまさしき知見をえた通神者だけが知りうることであって、いまは決してその数を問題にする必要はない。ただ阿弥陀仏を専心に憶念相続して、そのほかのことを念想しないことを十念相続というのであり、この十念相続によってこそ、まさしく浄土往生の目標が成就すると明かしているわけです。このことによっても、この十念が憶念（信心）の相続を意味することが、いよいよ明白になってきます。

かくしてこの第七番問答においては、まず憶念と観仏と称名との関係を明確に区別して見られるべきであり、しかもまた、その憶念は、観仏と称名の基盤、前提として明かされていること、すなわち、阿弥陀仏の相好を観想するについても、また阿弥陀仏の名号を称唱するについても、ともにその前提として、専心に阿弥陀仏を憶念する心、信心をもつべきことを示しており、しかもまた、かかる憶念の心、信心が、その観仏行ないしは称名行の実践によって、他想をまじえることなくして念々に相続され、そこに新しい宗教的な境地が成立してくるところ、それを十念相続と明かしたものと理解されます。

したがって曇鸞における十念とは、専心に阿弥陀仏を憶念、信心することにもとづき、称名あるいは観想の行業を実践することによって、その憶念、信心の相続、深化として、臨終に至って成立するところの、新たなる宗教的な境地、心の状態を意味するものでありますが、そのことからすれば、上に見たところの曇鸞における浄土往生の行道において、観仏の道が語られ、また称名の道が明かされるものは、その十念相続という宗教的境地が、そういう称名行ないしは観仏行にもとづいてこそ、よく成立してくることを意味することが明確でありましょう。そしてまた、このような十念相続の境地が、その臨終において成立してくるところ、ここにこそ業事成弁として、浄土往生の行道が成就することとなるわけであります。その点、上に見たところの観仏の道、称名の道、信心の道と十念相続の道が、よく即一して理解できるところでありましょう。そしてまた、曇鸞においては、その行道理解において、ことに観仏行よりも称名行が重視されるところ、この行道は、龍樹浄土教における三業奉行の中の、称名の行道思想を継承しているともいいうることでしょう。

五　曇鸞浄土教の行道

曇鸞における行道とは、すでに上において指摘したように十念相続の行道として、阿弥陀仏に対する至純なる憶念、信心にもとづいて、称名ないし観仏の修習奉行により、その憶念、信心が無他想間雑にして心々相続され、深化されていくことによって成立するところの、臨終時における新たなる宗教的境地、さらにはまた宗教的な功徳の付与、現成の状態を意味するものであり、またその十念相続とは、ひとえに信心に依拠し、名号にもとづくものであると明かされること、さらにはまた曇鸞においては、基本的には念と信とはシノニムであって、その行道における憶念とは、信心とも置きかえられるわけで、往生の業因として明かされる十念相続の道とは、そのまま信心相続の道ともいいうるものでありましょう。曇鸞における浄土往生の道が、

但だ信心因縁をもって浄土に生まれんと願ず。（『往生論註』真聖全一、二七九頁）

信心因縁をして皆往生をえしむ。（『往生論註』真聖全一、三〇八頁）

よく真実の浄信を生じて、必定して彼の安楽仏土に生ずることをうる。（『往生論註』真聖全一、三二八頁）

などと明かされて、それが信心往生の道とも語られるゆえんであります。その点、曇鸞における浄土往生の行道を、ことに信に即していうならば、それは称名ないし観仏にもとづくところの、信心成就の道であるとも語りうるでありましょう。

しかしながら、曇鸞においては、実際には、その行道は信心成就の道としては捉えられないで、まったく新しい臨終時における十念相続の道として理解されているわけです。そして曇鸞におけるこの十念相続の行道は、それ以前の浄土教思想における行道が、〈無量

寿経〉における信心成就の道をはじめとして、龍樹浄土教における信方便易行の道、天親浄土教における起観生信心の道のいずれもが、心の澄浄（citta-prasāda）なる信心を成就していく道として、ひとえに煩悩を遠離し、智見を開覚していくことをめざしていたのに対して、曇鸞における行道は、十念相続の成就として、もっぱら破闇満願なる名号が保有する功徳の現成、付与としての、臨終の時節における滅罪生善、業事成弁をめざすものであったわけであります。ことに曇鸞は、その名号の功用を語るについては、それを道教および神仙思想に関連せしめて、ダラニ、禁呪と同質に捉えて明かしているところで、その行道においては、仏道における智見の開覚、そしてそれにもとづくまことの人間成長、人格成熟という側面が欠落して、多分に呪術的、民俗信仰的な利益付与の側面が強調されているわけであって、そのことは曇鸞における浄土教思想の特色として、さらにはまた、その浄土教理展開史上における屈折、脱線の現象として、充分に注目されるべきところでありましょう。

六　親鸞における領解

そこで親鸞は、この曇鸞の浄土教思想、その『往生論註』をいかに捉え、領解しているかということですが、それについてまず注目されることは、その『浄土論』に説くところの五果門について、それは浄土に往生したものが修める行業ではなくて、法蔵菩薩が阿弥陀仏に成るために実践された行業であると捉えているということです。そのことは、ことにその『入出二門偈』に明瞭であります。すなわち、そこでは、

無碍光仏因地の時、この弘誓を発し、この願をたてたまひて、菩薩すでに智慧心を成じ、方便心、無鄣心を成じ、妙楽勝真心を成就して、速やかに無上道を成就することをえたまへり。（真聖全二、四八二頁）

と明かすところです。またその五果門の中の廻向門を釈するについては、

菩薩の出第五門というは、いかんが廻向したまう、心に作願したまひて、苦悩の一切衆を捨てたまはざれば、廻向を首として大悲心を成就することをえたまへるが故に、功徳を施したまう。（真聖全二、四八二頁）

と語りますが、親鸞はまた、その文を承けて、『正像末和讃』に、

如来の作願をたづぬれば　苦悩の有情をすてずして
廻向を首としたまひて　大悲心をば成就せり（真聖全二、五二〇頁）

と和讃しているところであり、それによれば、その廻向門を法蔵菩薩の行業であると捉えていたことが、よくよくうかがわれるところです。その点、天親の原意では、五念門行と

は、私たち在家者なる凡夫菩薩の行業であったものが、曇鸞では、その作願門、観察門、廻向門の三門は、此土の往生人の行業であると同時に、浄土の菩薩の行業でもあると捉えられ、さらに親鸞においては、その浄土の行の五果門とは、法蔵菩薩の行業であったと解釈されるわけで、三者三様の領解として興味のひかれるところです。ともあれ、このような親鸞における領解については、充分に注目すべき点でありましょう。

そしてまた親鸞は、その『往生論註』が明かすところの第四の浄入願心の中で、すでに見たところの法性法身と方便法身の思想をめぐって、その『唯信鈔文意』に、法性法身、法性、真如について、

涅槃おば滅度といふ、無為といふ、安楽といふ、常楽といふ、実相といふ、法身といふ、法性といふ、真如といふ、一如といふ、仏性といふ、仏性すなわち如来なり。この如来微塵世界にみちみちたまへり。すなわち一切群生海の心《しん》なり。（真聖全二、六四八頁）

と明かし、また『尊号真像銘文』にも、

この如来は智慧のかたちなり、十方微塵刹土にみちたまへるなりとしるべしとなり。（真聖全二、五八五頁）

と説いて、究極的な真理、法性というものは、この迷妄の現実世界のあらゆるところに到

来し、充満しているといい、私たちのこの虚妄の生命の中にも来りとどいていると捉えております。したがって真実の信心とは、その私の内なる真実、如来に、確かに「めざめ」ていくこと、それに確かに値遇するということにほかなりません。このことは龍樹の般若空の思想にもとづくところの曇鸞の浄土教の本質を、見事に継承し、開顕しているところであって、それはまた親鸞の教学、浄土真宗のもっとも基本的な原理として、充分に評価し、注目すべきところでありましょう。

第五章　道綽『安楽集』

一　道綽の生涯とその撰述

1　道綽の生涯

道綽は、道宣が道綽の生存中に著わしたと考えられる『続高僧伝』によりますと、北斉の武帝の河清元（五六二）年に生まれたと伝えています。そして幼くして出家し、涅槃宗に属して仏教を学んだようで、後には持戒を中心とする教団を統率していた慧瓚禅師に従って、戒律と禅定の実践をすすめていきました。後世において道綽が禅師と呼称されるゆえんでもあります。そして慧瓚禅師の没後、一転して浄土教に帰入したといいますが、それは石壁の玄中寺に参詣し、そこにあった曇鸞を讃仰する石碑を見たことによるといい、その後の道綽は、この玄中寺に止って曇鸞の浄土教を継承し、もっぱら称名念仏行を修めることとなったといいます。

かくして道綽は、この玄中寺に居住して日日称名し、日課七万遍におよんだといい、その教化をうける民衆が多かったと伝えております。ことに道綽は、人々に念仏を励めるのに麻豆（小豆）をもってし、それで念仏の数を量ったといいます。かつて私は、中国仏教会の招きでこの玄中寺に参詣したことがありますが、その環境はまったくの静かな農村地帯で、多くの農民が居住しているという状況でありましたが、そういう庶民の中に、この浄土念仏の教えが滲透していったわけでありましょうか。

そして禅師は、貞観十九（六四五）年に、八十四歳にしてこの玄中寺において没したと伝えます。道綽には、善導、道撫、僧衍、英法、尼大明月、小明月らの、多くの弟子があったと伝えております。なおまた、この道綽にゆかりのある玄中寺に参詣した時に見たわけですが、その大雄宝殿の前庭に建立されている「鉄弥勒像頌碑」によりますと、時の唐の太宗がこの玄中寺を訪ねて、妻の文徳皇后の病気平癒を祈願し、禅師がその仏事を勤めたとありました。道綽の『安楽集』には、上に見た曇鸞と同じように、数々の民俗信仰的な呪術が散見されるところで、道綽の浄土教思想には、そういう当時の中国における呪術信仰が、多く含まれていたことが想像されるところです。このような事実は充分に承認した上で、道綽の浄土教を理解すべきでありましょう。

2　道綽の撰述

道綽における撰述としては、その『続高僧伝』などによりますと、『安楽集』二巻と『行図』というものがあったことが知られます。その『安楽集』の内容については後に解説しますが、その『行図』というものは、今日では未伝で、その内容がいかなるものであったかはまったく不明です。『続高僧伝』では「つぶさに行図を敍す」とあるところからすると、ことにその「つぶさに」という語にこだわるかぎり、道綽は、その生涯において、『観無量寿経』を講ずることが二百遍におよんだと伝えておりますから、あるいはその『観無量寿経』の分科、科段、その組織について、細かく図示し、解説したものであったのかも知れません。しかしながら、現物が未伝であるかぎり、その内容はまったく不明というほかはありません。

二　『安楽集』の梗概

1　『安楽集』の組織

道綽は、当時の中国仏教界において、宗派を超えて注目されていた『観無量寿経』を、その経典の本来の立場である浄土教の視座から、その本質、その玄趣を明確化すべく、繰りかえして講釈したといいます。『続高僧伝』によりますと、「無量寿観を講ずることまさに二百遍」とありますから、道綽は浄土教帰入以後には、もっぱらこの『観無量寿経』に傾倒し、それについて研鑽し講説したことがうかがえます。その点、道綽の主著である『安楽集』二巻とは、それは直ちに『観無量寿経』についての随文随釈の註釈書ではないとしても、その『観無量寿経』の要義にもとづくところの、浄土念仏の教義の自己領解を、集大成したものであるといいうると思われます。

そこで以下、その『安楽集』における、およその組織と、その内容について解説することといたします。

まずその組織とは、およそ次のようになっております。その一部の大綱は、その総説において明かすように、全体的には十二大門、十二章に分かれます。そしてまた、それぞれの章がさらに分科されて、全体の組織としては十二章、三十八科目となっております。すなわち、次の図表のとおりです。

『安楽集』の組織

第一大門
一、教興所由――『観無量寿経』の意義を明かします。
二、説聴方規――説法と聴聞の心得を示します。
三、発心久近――仏道への帰依を勧めます。
四、宗旨不同――『観無量寿経』の宗旨を明かします。
五、得名各異――『観無量寿経』の経名を解説します。
六、説人差別――『観無量寿経』は釈迦の自説であることを示します。
ただし本文では、五、六は省略しています。
七、三身三土――阿弥陀仏の仏身仏土を明かします。
八、凡聖通往――凡夫の往生を明かします。
九、三界摂不――浄土の勝過性について明かします。
一、発菩提心――真実信心を勧発します。

- 第二大門
  - 二、異見邪執――異見邪義を批判します。
  - 三、広施問答――十念念仏往生について明かします。
- 第三大門
  - 一、難易二道――難易二道判を示します。
  - 二、時劫大小――劫波（kalpa）について説明します。
  - 三、輪廻無窮――聖浄二門判を示します。
  - 四、引証勧信――念仏三昧を勧信します。
- 第四大門
  - 一、大徳帰浄――諸師の浄土教帰依を明かします。
  - 二、諸経宗旨――念仏三昧の仏道を讃えます。
  - 三、念仏利益――念仏三昧の利益を明かします。
- 第五大門
  - 一、修道延促――念仏の道が速疾であることを示します。
  - 二、禅観難易――念仏の道が易往であることを示します。
  - 三、二土浄穢――浄土が無漏清浄であることを示します。
  - 四、引証勧信――念仏三昧について勧信します。
- 第六大門
  - 一、十方比挍――阿弥陀仏の浄土を讃えます。
  - 二、西方偏勧――西方浄土の意義を明かします。
  - 三、経法住滅――浄土教の永遠性を示します。

- 第七大門
  - 一、二土相状――浄土が解脱極楽の境界であることを明かします。
  - 二、二土修道――浄土に至れば正定聚に住することを明かします。
- 第八大門
  - 一、諸経来証――経文によって安楽浄土を勧めます。
  - 二、二仏比挍――釈迦が阿弥陀仏の浄土を勧めることを明かします。
  - 三、往生意趣――問答をもうけて浄土往生を勧めます。
- 第九大門
  - 一、二土苦楽――穢土と浄土の苦楽を比べます。
  - 二、二土寿命――穢土と浄土の寿命を比べます。
- 第十大門
  - 一、浄土勧帰――浄土への帰依を勧めます。
  - 二、廻向義趣――自利利他の廻向を明かします。
- 第十一大門
  - 一、先師随順――仏道における善知識の重要性を示します。
  - 二、受生勝劣――人生における仏法信順の意義を示します。
- 第十二大門
  - 一、総結勧信――まとめて浄土往生を勧めます。

（真聖全一、三七七〜四四〇頁）

2 『安楽集』の解説

そこで以下において、『安楽集』の内容のおよその解説をいたします。ところで、この

書が『安楽集』と名づけられたのは、いかなる理由によるものでしょうか。その安楽とは、『無量寿経』によれば、

仏阿難に告げたまわく。法蔵菩薩は今すでに成仏して現に西方にましします。此を去ること十万億刹なり。その仏の世界を安楽という。（真聖全一、一五頁）

と明かします。この安楽とは、原語では sukha といい、心地よい状態、幸福を意味して、「楽」と訳されましたが、また後には sukhāvatī ともいわれて、それは楽のあるところ、世界を意味し「安楽」「安養」「極楽」などと訳されることとなりました。その意味において、ここでいう安楽とは、阿弥陀仏の浄土としての安養、極楽を意味するものですが、道綽における仏教領解では、その浄土とは、またその第三大門第一の難易二道を明かす文によりますと、大乗の教法には、「聖道」と「往生浄土」の二種の行道がありますが、すでに「当今は末法にして現にこれ五濁悪世」であるところ、「ただ浄土の一門ありて通入すべき路なり」（真聖全一、四一〇頁）と明かすように、それは来世に浄土に往生をえて成仏するという、阿弥陀仏の教法を意味しているわけです。その点、道綽がここでいう『安楽集』の「安楽」とは、直接的には、阿弥陀仏の浄土そのものを指すとしても、その延長として、阿弥陀仏なる往生浄土の教法、浄土教を意味するものとも理解され、この『安楽集』とは、そういう聖道教に対応するところの、浄土教としての阿弥陀仏の行道を開顕し

ようとして、このような書名を掲げたものとうかがわれます。

そして道綽は、そこでは経典四十四部、律蔵一部、論釈十一部などの、多様な文献を引証しながら自説を展開しておりますが、ことには曇鸞の文に多く依拠していることが注目されます。

次にその内容をめぐっては、その組織については、すでに上に見たように、十二大門（十二章）、三十八科目（三十八節）に分類して説明しておりますが、そのおよその内容は次のとおりです。

その第一大門、第一章においては、第一の「『観無量寿経』の意義を明かす」では、今日はすでに末法の時代であるが、その時と機、今日の歴史性と人間性にもっともふさわしい教法は、ひとえに『観無量寿経』であることを主張いたします。第二の「説法と聴聞の心得を示す」では、仏法を説くものとそれを聴くものの心得を示し、第三の「仏道への帰依を勧める」では、仏法に帰依することの宿縁深厚なることを明かし、第四の「『観無量寿経』の宗旨を明かす」では、この『観無量寿経』の宗旨とは、観仏三昧であり、また念仏三昧でもあることを教示します。第五の「『観無量寿経』の経名を解説する」では、この『観無量寿経』の経題について解説し、第六の「『観無量寿経』は釈迦の自説であることを示す」とは、この『観無量寿経』が、釈尊自身の本意にもとづく教説であることを明かします。ただし、この第五、第六は、その総説で明かしたので、ここでは省略しております。

そして第七の「阿弥陀仏の仏身と仏土を明かす」では、当時の一般仏教界が、阿弥陀仏とその浄土は、化身、化土であると主張するに対して、それが報身、報土であると主張します。第八の「凡夫の往生を明かす」では、阿弥陀仏の浄土には、いかなる凡夫であってもすべて往生できるといい、第九の「浄土の勝過性について明かす」とは、その阿弥陀仏の浄土は迷界なる三界をはるかに超越していると明かします。

以上の第一大門は、『観無量寿経』の全体の要旨を、その往生浄土の仏道の根本原理と、その仏道の因果について明かしたもので、ここには『安楽集』の基本的な課題が教説、明示されております。以下は、それをうけて、『観無量寿経』をめぐる個々の問題について明かします。

そして次の第二大門、第二章においては、その第一の「真実信心を勧発する」においては、菩提心について明かし、浄土願生の信心を勧めます。第二の「異見邪義を批判する」では、当時の浄土教に対する異見を批判し、ことに摂論家の別時意説に対しても応答しています。第三の「十念念仏往生を明かす」では、十一種の問答をもうけ、浄土往生の行道について、曇鸞を継承して十念相続の道を主張します。

次の第三大門、第三章においては、その第一の「難易二道判を示す」では、浄土教が易行の道であることを明かし、第二の「劫波（カルパ）について説明する」では、芥子劫と磐石劫をあげて教示します。そして第三の「聖浄二門判を示す」では、聖道教と浄土教を対比して、「ただ浄土の一門ありて通入すべき路なり」（真聖全一、四一〇頁）と主張いたします。そして第四の「念仏三昧を勧信する」では、経文を引証して念仏を勧めます。

そして第四大門、第四章においては、その第一の「諸師の浄土教帰依を明かす」では、多くの仏教徒、先達たちが浄土教に帰依していることを明かし、第二の「念仏三昧の仏道を讃える」では、多くの経論を引用して、念仏三昧の道が勝れた仏道であることを主張しています。そして第三の「念仏三昧の利益を明かす」では、その念仏三昧に多大な利益があることを証します。

そして第五大門、第五章においては、その第一の「念仏の道が速疾であることを示す」では、浄土念仏の道は他の仏道に比べると、速く成仏できることを明かします。第二の「念仏の道が易往であることを示す」では、念仏の道が他力によるがゆえに易しい仏道であることを明かします。第三の「浄土が無漏清浄であることを示す」とは、阿弥陀仏の浄土が清浄真如の世界であることを明かし、第四の「念仏三昧について勧信する」では、上にあげた理由によって、念仏の道を勧信いたします。

そして第六大門、第六章においては、その第一の「阿弥陀仏の浄土を讃える」では、その浄土が最勝であることを讃歎いたします。第二の「西方浄土の意義を明かす」では、何ゆえに浄土が西方にあるかを論じます。第三の「浄土教の永遠性を示す」では、仏教滅尽の後にも『無量寿経』のみが、ひとり永遠に止住することを明かします。

次の第七大門、第七章においては、阿弥陀仏の浄土の利益をめぐって明かし、その第一の「浄土が解脱、極楽の境界であることを明かす」とは、浄土に至れば、そこが清浄無漏の世界であるから、仏道の修習が容易であることを示し、第二の「浄土に至れば正定聚に住することを明かす」とは、浄土に往生するものは、菩薩道における正定聚、不退転地に入ることができると語ります。

次の第八大門、第八章においては、その第一の「経文によって安楽浄土を勧める」では、多くの経典と龍樹、天親の論まで引証して、浄土往生を勧めます。第二の「釈迦が阿弥陀仏の浄土を勧めることを明かす」では、釈尊が此土成仏を排して、阿弥陀仏の浄土に往生することを勧めることを示し、第三の「問答をもうけて浄土往生を勧める」では、上に述べた浄土往生について、さらに詳しく問答によって、勧励いたします。

そして第十大門、第十章においては、その第一の「浄土への帰依を勧める」では、十方世界の諸仏が浄土往生を勧めていることを明かし、第二の「自利利他の廻向を明かす」では、浄土に往生すれば、自利利他の行業がよく成就することを述べます。

第十一大門、第十一章においては、その第一の「仏道における善知識の重要性を示す」では、仏法を学ぶについては、何よりも善知識の教導が重要であることを明かし、第二の「人生における仏法信順の意義を示す」では、人間はひとしく、生前の罪業によって死後は迷界に輪廻するところ、信仏因縁による来世の往生が肝要であると説きます。

そして最後の第十二大門、第十二章において、「まとめて浄土往生を勧める」では、この『安楽集』の帰結として、阿弥陀仏の浄土に往生することを重ねて結勧いたします。

以上が、この『安楽集』ぜんたいのおよその意味内容です。

三　道綽における浄土往生の道

1　十念相続の道

道綽における浄土往生の行道思想について見る場合、その浄土教転入の契機となった曇鸞の浄土教に対する傾倒とその継承、および当時の中国仏教界において注目されていた、『観無量寿経』に対する重視という、二点があることを注意すべきであると思います。

その第一の曇鸞浄土教を継承したという点については、『安楽集』に曇鸞の『往生論註』『讃阿弥陀仏偈』『略論安楽浄土義』が多く引用されており、その影響の少なくないことが認められます。この曇鸞の浄土教思想は、すでに上に見たように、龍樹浄土教と天親浄土教の二種の浄土教思想を受容することにより、基本的には龍樹の浄土教を継承して、阿弥陀仏をその名号において捉えつつ、また天親の五念門行をも承けて、それを称名を中心とする凡夫相応の行道として領解、展開させ、しかもまた新たに、『無量寿経』の第十八願文および『観無量寿経』の下品下生の文の、「十念」の思想に注目することにより、称名にもとづく憶念の深化、心心相続としての無他想間雑なる十念念仏相続によってこそ、まさしく業事成弁して浄土に往生をうると明かしているわけです。

道綽の浄土教思想は、基本的にはこのような曇鸞浄土教を継ぐものです。すなわち、『安楽集』の第一大門第一の『観無量寿経』の意義を明かすにおいては、『大集月蔵経』を引用して末法思想の五五百年説を示し、また四種度生の法を明かしたのち、

今の時の衆生を計るに、すなわち仏世を去りたまいて後の第四の五百年に当れり、正しくこれ懺悔し福を修して、仏の名号を称すべき時のものなり。（真聖全一、三七八頁）

などといって、曇鸞と同じく如来をその名号において把捉し、今日の末法の時代にあっては、ひとえに名号にもとづく行業、称名行こそが、もっともふさわしい仏道であると明か

していきます。またその十念念仏相続の思想についても、第二大門第三の十念念仏往生について明かす文において、『往生論註』の八番問答および『略論安楽浄土義』などの文によって詳細に論じ、この十念念仏相続によってこそ、まさしく行道成就して往生をうると述べているところです。ことにその第三大門第三の聖浄二門判を示す文においては、仏果趣入の道は、ただ浄土往生の一門のみであると判定したのち、その浄土門の内容を示すのに、第十八願文を取意して、

若し衆生ありてたとい一生悪を造れども、命終の時に臨みて十念相続して我が名字を称せんに、若し生れずば正覚を取らず。（真聖全一、四一〇頁）

と述べて、十念相続を語っておりますが、この聖浄二門判とは、道綽浄土教の基本的な立場を示すものである以上、ここに十念念仏を明かしていることは充分に注意されるべきことでありましょう。そして道綽がこの十念相続の内容をいかに理解していたかについては、その第二大門第三の十念念仏往生について明かすところで、その十念の相状について明かすのに、『往生論註』の八番問答の文を承けて、

ただ阿弥陀仏を憶念するに、若しは総相若しは別相所縁に随いて観じ、十念を逕て他の念想の間雑すること無し、これを十念と名づく。また十念相続というはこれ聖者の一の数の名のみ、ただよく念を積み思を凝して他事を縁ぜざれば、業道成弁せしめて

すなわちやみぬ。（真聖全一、四〇一頁）

と説き、また『略論安楽浄土義』の十念を釈す文によって、

阿弥陀仏を念ぜん時も、また彼の人の渡ることのみを念うがごとく、念念に相い次いで余の心想間雑することなく、或いは仏の法身を念じ、或いは仏の神力を念じ、或いは仏の智慧を念じ、或いは仏の毫相を念じ、或いは仏の相好を念じ、或いは仏の本願を念ぜよ。名を称することもまたしかなり。ただよく専至に相続して断えざれば定んで仏前に生ぜん。（真聖全一、四〇二頁）

などと述べることからしますと、それは曇鸞と同様に、臨終を迎える時にもつべき、阿弥陀仏に対する積念凝思の心念のことであって、阿弥陀仏を念ずるに、法身を念じ、神力を念じ、智慧を念じ、白毫相を念じ、相好を念じ、本願を念じ、また仏名を称するなど、そのいずれによっても、ひとえにもっぱら心心に阿弥陀仏を憶念相続して、余念がまじわらないことを意味するものであったとうかがわれます。そしてまた道綽は、この十念仏の成就については、『往生論註』の文によって、それが臨終の時節における、善知識による指導教化と、信心にもとづく称名念仏の行業の実践によるところの、人生最後の瞬間において成立する境地であることを明かして、

各々よろしく信心を発して、あらかじめ自ら剋念し積習をして、性を成じ善根をして

堅固ならしむべきなり。（真聖全一、四〇二頁）

と述べておりますが、さらにはまた、

弥陀の名号を称し安楽国に生ぜんと願じ、声声相い次いで十念を成ぜしむなり。（真聖全一、四〇三頁）

と明かすところより見れば、その十念を成じるについては、念法身、念神力、念智慧などの種々の行業があるとしても、ことには称名念仏が重視されて、声声相い次いで称名することによってこそ、よく成立するものであると理解されていたことがうかがわれます。

かくして道綽における十念念仏相続とは、究極的には、臨終に至ってもっぱら阿弥陀仏を念じ、ことにはその名号を称唱することによって生まれてくるところの、憶念相続して余心のまじわらない心念、心境を意味するものでありました。そしてその心心相続という宗教的な境地が成立してくるところをさして、十念成就と語り、ここに浄土往生の行道が成立すると領解していたと理解されるわけであって、それは基本的には、曇鸞における十念相続の思想を継承しているといいうるようであります。

2　念仏三昧の道

次に道綽が『観無量寿経』に深く傾倒したということについては、道綽がことにこの

『観無量寿経』を二百遍にわたって講じたと伝えることや、その『安楽集』が、この『観無量寿経』要義を述べたものであると考えられることによっても、充分にうかがわれることであります。そして道綽が、この『観無量寿経』の教法をいかに領解していたかについては、第四大門第二の念仏三昧の仏道を讃える文において、

此の経の宗および余の大乗諸部の凡聖の修入、多く念仏三昧を明かしてもって要門となす。（真聖全一、四一三頁）

此彼の諸経多く念仏三昧を明かして宗とする。（真聖全一、四一四頁）

と述べておりますが、ここで「此の経」というのは『観無量寿経』をさすと考えられることからすれば、道綽はこの『観無量寿経』の宗要が、念仏三昧であると理解していたことが知られます。そこでその道綽における念仏三昧の意味内容については、古来先学の間においても種々の理解が試みられていますが、いま改めてその本意を探ねますと、まず道綽における「念仏」の用例を検すると、その内容は多様であって、阿弥陀仏に対する観念とも、憶念とも、称念とも、いずれの意味にも解されるところであり、ことにその第四大門第三の「念仏三昧の利益を明かす文」では、『惟無三昧経』を引いて、「念仏の声」などというところよりすれば、それは明らかに称名念仏のことですが、また第一大門第四の「『観無量寿経』の宗旨を明かす」では、念仏の相を語るについて、「念仏の心」といい、

「よく念を繋けて止まず」などと説くことからしますと、それはまさしく、阿弥陀仏を念ずる心念の意味にも理解されるところです。また次に、その「三昧」の意味については、道綽においては、直接に三昧の語について釈した文は見られませんが、三昧とは、samādhi の音写にして、訳して定、正定、正受、正思、等持などといわれるものであり、『大乗義章』巻十三に、

　三昧というは是れ外国の語なり。此には正受と名づく、定は前の釈の如し、邪乱を離れるが故に説きて正となす。正受というは正は前の釈に同じ、法を納るるを受と称す。（大正四四、七一八頁）

などと説くように、心を一境に止住して散乱しないことを三昧といい、このような安穏静寂なる境地に至るならば、正慧がおこって煩悩を伏断し、真理を証することができるというわけです。これはもとより仏教一般における解釈ですが、浄土教においても、善導がその『観念法門』に、

　三昧というは、すなわち是れ念仏の行人、心口に称念してさらに雑想なく、念念に心を住して声声相続すれば、心眼すなわち開けて彼の仏了然として現ずることを見たてまつることをう、すなわち名づけて定となす。また三昧と名づく。（真聖全一、六三五頁）

などと示すように、それが同じく心を正念に住することであり、しかもその境地に至る時には、心眼が開けて見仏することができるといいます。このことからしますと、道綽における三昧に対する理解も、また善導のように、住心正念なる見仏の境地を意味するものであったとうかがわれます。かくして道綽における念仏三昧とは、念仏という語の意味する内容は多含であるとしても、それは多く「念仏三昧」という複合語として用いられているところであって、それはたんなる憶念、称名、観仏というような範疇で解されるべきではなくて、それはむしろ『観無量寿経』の第九真身観に、

ただまさに憶想して心眼をして見せしむべし、此の事を見るものはすなわち十方一切の諸仏を見たてまつる。諸仏を見たてまつるをもっての故に念仏三昧と名づく。（真聖全一、五七頁）

と説くものを、そのまま受けているると見るべきでありましょう。事実、道綽自らも、この念仏三昧について、その『安楽集』の第四大門に『華厳経』の文を引いて、

念仏三昧は必ず仏を見たてまつる。（真聖全一、四一七頁）

此の三昧門の中において悉くよく一切の諸仏およびその眷属厳浄の仏刹を観見する。（真聖全一、四一七頁）

念仏三昧門は微細の境界の中において一切の仏の自在の境界を見る。（真聖全一、四一

七頁)

などと明かし、また、

念仏三昧を学んで仏を見たてまつらんと願ず。(真聖全一、四二〇頁)

とも説いているところであって、道綽における念仏三昧とは、まさしく憶想正念にして、ついには心眼を開いて、見仏する境地を意味するものであったことが明らかであります。

そしてかかる境地としての念仏三昧を成ずる方法としては、第二大門第三の「十念念仏往生について明かす文」において、念仏三昧の「計念の相状いかん」と問い、『略論安楽浄土義』にもとづいて、

譬えば人ありて、空曠のはるかなる処において、怨賊の刃を抜き勇を奪い、直ちに来りて殺さんと欲するに値遇す。此の人径に走りて一河の渡るべきを視る。未だ河に到るに及ばざるに、すなわち此の念をなさく、我河の岸に至りなば、衣を脱ぎて渡るとやなさん、衣を著て浮ぶとやなさん。もし衣を脱ぎて渡らんには、唯恐らくは暇なからん。もし衣を著て浮ばんには、また首領全くし難からんことをおそると。この時、ただ一心に河を渡るの方便をなすことのみありて、余の心想間雑することなからんがごとし。行者もまたしかなり。阿弥陀仏を念ぜん時も、また彼の人の渡ることのみを念うがごとく、念念に相い次いで念の心想間雑することなく、或いは仏の法身を念じ、

或いは仏の神力を念じ、或いは仏の智慧を念じ、或いは仏の毫相を念じ、或いは仏の相好を念じ、或いは仏の本願を念ぜよ。名を称することもまたしかなり。ただよく専至に相続して断えざれば定んで仏前に生ぜん。（真聖全一、四〇二頁）

と述べるように、この念仏三昧を修習するとは、心を定めて余心間雑することなく、ただ一心に阿弥陀仏の法身、神力、智慧、白毫相、相好、本願などを念ずること、あるいはまた阿弥陀仏の名号を称することを、専至不断に相続することであるといいます。そのことは、また第四大門第二の「念仏三昧の仏道を讃える文」に、『文殊般若経』によって念仏三昧の相を明かすのに、

若し善男子善女人、まさに空間の処にありて諸の乱意を捨て、仏の方所に随いて、端身正向にして相貌を取らず、心を一心に繫けて専ら名字を称し、念ずること休息なかるべし。すなわちこの念の中によく過、現、未来の三世の諸仏を見たてまつる。（真聖全一、四一五頁）

と示し、また第五大門第一の「念仏の道が速疾であることを示す文」において、『鼓音陀羅尼経』により、

若し四衆ありてよく正しく彼の仏の名号を受持し、その心を堅固にして、憶念して忘れざること十日十夜、散乱を除捨して精勤して念仏三昧を修習し、もしよく念念に絶

えざらしめば、十日の中、必ず彼の阿弥陀仏を見たてまつることをえて、皆往生することをうべし。（真聖全一、四二二頁）

と述べることによってもうかがわれるところでありましょう。そしてここではことに、仏身の相好などを観ずることなく、もっぱら称名にもとづく念仏三昧を明かしているわけですが、これらのことからしますと、道綽における念仏三昧とは、ことに阿弥陀仏の名号を称することにより、成立するものであったといいうるようであります。その点、道綽がとくに、その第二大門第三の「十念念仏往生を明かす」において、

若し人ただ弥陀の名号を称念すれば、よく十方の衆生の無明の黒闇を除きて往生うる。（真聖全一、四〇五頁）

などと示して、称名によって無量の功徳をえ、浄土に往生をうると明かすのは、このことを意味するものであったと理解されるところであります。

そしてまた、この念仏三昧のもつ功徳については、第一大門第四の『観無量寿経』の宗旨を明かす文」に、

此の念仏三昧はすなわちこれ一切三昧の中の王なるがゆえなり。（真聖全一、三八二頁）

と述べて、この念仏三昧こそがもっとも勝れた行道であると明かし、さらにはまた、この念仏三昧の利益について、

ただよく念を繫けて止まざれば定んで仏前に生ぜん。（真聖全一、三八二頁）

ただよく念を積みて断えざれば業道成弁するなり。（真聖全一、三八二頁）

念仏三昧は必ず仏を見たてまつり命終の後に仏前に生ず。（真聖全一、四一七頁）

などと説いて、この念仏三昧をうるものは、ことごとく業道成弁して、死後には浄土に往生をうると明かしているところです。

以上見てきたように、道綽は『観無量寿経』のまさしき宗要は念仏三昧を明かすにあると領解し、しかもその念仏三昧とは、阿弥陀仏に対するひたすらなる繫念称名によって成ずるところの、心眼が開けて見仏する境地を意味するものであって、この念仏三昧をうるところ、現生にはいっさいの諸障を除いて無量の福利をこうむり、当来には必ず浄土に往生をうると、領解していたことが知られるところであります。

3　観仏三昧の道

ところで道綽は、この浄土往生の行道を観仏三昧の道としても捉えております。すなわち、その第一大門第四の「『観無量寿経』の宗旨を明かす文」では、

今此の観経は観仏三昧をもって宗となす。（真聖全一、三八一頁）

と述べて、『観無量寿経』の宗要をまた観仏三昧とも明かしているわけです。このように

道綽が同じ『観無量寿経』の宗要を、念仏三昧といい、また観仏三昧というについては、両者の関係異同が問題になりますが、もともとこの「観仏三昧をもって宗となす」という文は、浄影寺の慧遠の『観無量寿経義疏』にもとづくものと考えられますが、この道綽における観仏三昧の語が意味するものは、すでに見たように、道綽における念仏三昧とはたんなる称名を意味するものではなくて、阿弥陀仏に対する専至なる繫念と、その名号を称することによって成立するところの、見仏の境地を意味するものであって、それは本質的には観仏三昧とも呼ばれうるものであったこと、しかもまた『観無量寿経』においては、その第九真身観の、

ただまさに憶想して心眼をして見せしむべし、此のことを見るものはすなわち十方一切の諸仏を見たてまつる。諸仏を見たてまつるをもっての故に念仏三昧と名づく、この観をなすをば一切の仏身を観ずと名づく。（真聖全一、五七頁）

などという文にも見られるように、念仏三昧のことを、「見仏」「観仏」とも明かしていること、あるいはまた、道綽がことに注目して、『安楽集』に何度も引用する『観無量寿経』では、念仏三昧と観仏三昧とを同一と捉えていることなどによります。道綽においては、観仏三昧とはそのまま念仏三昧のことでもあって、両者はまさしく同義語として用いられているものと思われます。そのことは第一大門第四の「『観無量寿経』の宗旨を明かす文」

において、観仏三昧を明かすについて、念仏三昧といい、また第三大門第四の「念仏三昧を勧信する文に」おいて、念仏三昧を明かすのに、それを観仏三昧ということなどによっても、よくうかがわれるところであります。かくして道綽においては、『観無量寿経』の宗要を示して、念仏三昧といい、また観仏三昧というも、それはまったくシノニムにして、心眼を開いて見仏するところの三昧の境地について、あるいは念仏三昧といい、あるいは観仏三昧と明かしたものに、ほかならなかったといいうるところであります。

ところで、このような念仏三昧が、このような意味内容をもっているものであるとすれば、その念仏三昧の道と観仏三昧の道は、上に見たところの十念念仏の道とは、いかなる関係にあるものでしょうか。それについては、すでに上において見たように、十念相続とはひとえに阿弥陀仏を専念し、ことにその称名を修めることによって、阿弥陀仏に対する憶念の心が相続して無他想なることをいいますが、それは第二大門において、

終に垂とするに十念の善よく一生の悪業を傾けて浄土に生ずることをうる。（真聖全一、四〇一頁）

と明かし、また、

現在の一形全く意をなさず、臨終の時に擬してまさに修念を欲う。（真聖全一、四〇二頁）

と述べるように、十念とは臨命終時の人の、死を迎える瞬間について語ったものであって、それを平生の人についていう場合、念仏三昧ないし観仏三昧と、明かされたものであろうと理解されるわけであります。事実、道綽は第二大門第三の「十念念仏往生について明かす文」において、十念相続の相について詳細に明かしたのち、それをうけて、

勧めに依って念仏三昧を行ぜんと欲す、いまだ知らず計念の相状はいかん。（真聖全一、四〇二頁）

と問うて、ここでは念仏三昧の修習の方法を述べ、十念相続と念仏三昧の両者をまったく同一視して明かしていること、そしてまた、すでに上に見たように、その十念を修めるについては、基本的には、「弥陀の名号を称し、安楽国に生ぜんと願じて、声声相い次いで十念を成ず」ることであるのに対して、また念仏三昧をうるについても、諸種の行法が明かされながらも、帰するところは上に見たように、「仏の方所に随いて、端身正向にして相貌を取らず、心を一仏に繫けて専ら名字を称し」「よく正しく彼の仏の名号を受持し、その心を堅固にして、憶念して忘れざる」ことなどと示して、それがともにもっぱら称名行の実践によって成じると明かされること、さらにはまた、十念相続の功徳を語るのに、

ただ能く念を積み思を凝らして他事を縁ぜざれば業道成弁せしむ。（真聖全一、四〇一頁）

と明かすのに対して、また念仏三昧の利益を説くについても、

ただ能く念を積みて断えざれば業道成弁するなり。（真聖全一、三八二頁）

と示して、ともにその利益功徳が業道成弁にあると述べることなどからしますと、道綽においては、この十念相続と念仏三昧とは、帰するところは同一内容を意味するものであったことが知られます。

ただし、その臨命終時の人における十念相続の解説においては、ただ阿弥陀仏に対する憶念の相続のみを語って、見仏についていては何ら明かさない点に、念仏三昧との相違が考えられますが、この十念の典拠としての『観無量寿経』の下品下生の文には、その十念について、

命終の時に金蓮華を見るになおし日輪のごとくしてその人の前に住せん。一念の頃のごとくにすなわち極楽世界に往生をえん。（真聖全一、六五頁）

と説き、また『無量寿経』の下輩往生の文では、その十念について、

この人終に臨みて夢のごとく彼の仏を見たてまつりてまた往生をえん。（真聖全一、二五頁）

と明かしていることからすれば、道綽においては、この十念についても、本来的には、その内実において、見仏を含むものであったと理解されるわけで、その点からしても、両者

は別のものではなかったと考えられるところであります。

かくして道綽は、基本的には曇鸞浄土教に傾倒し、その十念相続の行道を継承しながらも、他方においては『観無量寿経』に注目し、その教説にもとづいて、それを念仏三昧または観仏三昧の行道として展開せしめたといいうるところであって、道綽においては、十念相続といい、念仏三昧といい、また観仏三昧というも、それは臨終の時と平生の時との相違はあるとしても、本質的には同一の行道を意味するものであったわけでありましょう。その点、道綽における十念念仏往生の思想は、曇鸞のそれよりも、その意味内容をいささか異にしているわけであって、そのことについては充分に注意すべきことであります。

4 諸行往生の道

そしてまた、道綽における浄土往生の行道については、これらの十念相続の道、念仏三昧の道、観仏三昧の道が明かされると同時に、他面において、諸行往生の行道が語られていることも見逃しえないところであります。すなわち、道綽は曇鸞浄土教を継承するについて、その『安楽集』の第三大門第一の「難易二道判を示す文」において、『往生論註』の冒頭の文をうけて、

易行道というは、いわく信仏因縁をもって浄土に生ぜんと願じ、心を起し徳を立て諸

の行業を修せば、仏の願力のゆえにすなわち往生す。（真聖全一、四〇六頁）

と明かしておりますが、ここでは信仏因縁の易行道の内容を説明するのに、『往生論註』の原文にはない「心を起し徳を立て諸の行業を修す」という文を挿入し、また第五大門第一の「念仏の道が速疾であることを示す文」では、この易行道について、

今すでに極楽に勧帰し、一切の行業悉く彼に廻向す。ただよく専至なれば寿尽きて必ず生ぜん。彼の国に生ずることをうれば、すなわち究竟して清涼なり。あに易行道と名づけざるべけんや。（真聖全一、四二一～四二二頁）

と述べております。これらの文からすると、道綽は曇鸞における十念業成の行道を継承しながらも、そこではまた、この十念以外の諸種の行業を修習廻向して願生する道も、あわせて理解しているところでありまして、諸行往生の行道も是認していたことがうかがわれます。また道綽は『観無量寿経』に対する領解においても、第四大門第二の「念仏三昧の仏道を讃える文」において、

観経及び余の諸部によるに所修の万行ただよく廻願して皆生ぜざるはなし。（真聖全一、四一五頁）

と明かし、その宗要は念仏三昧、観仏三昧であるとしながらも、また他面、そこに説かれているその他の行道も認めています。その他の行道とは、直接的には三福の行を指すもの

でしょうが、「所修の万行」というところからすれば、ひろく一切の善根の修習を意味するものであって、ここでもまた諸行往生の行道が是認されていたことが明らかであります。そのほか、また第六大門第二の「西方浄土の意義を明かす文」では、『大智度論』にもとづいて、

一切の行業ただよく廻向するに往かざるということなきなり。（真聖全一、四二七頁）

と説くなど、諸所に諸行往生を明かす文が見られるところであって、道綽においては、十念相続、念仏三昧、観仏三昧という一連の行道のほかに、また諸種の行業修習による諸行往生の行道も是認しているところであります。

しかしながら、たとえいちおうは諸行往生を認めるとしても、帰するところは、第四大門第二の「念仏三昧の仏道を讃える文」で、

所修の万行ただよく廻願して皆生ぜざるはなし、然るに念仏一行をもって要路となす。（真聖全一、四一五頁）

と述べるように、念仏三昧（観仏三昧、十念相続）こそが、まさしき浄土往生の行道であると領解していたことが明白であり、道綽における浄土往生の行道とは、ひとえにこの念仏三昧にあったといいうるところでありましょう。

四　親鸞における領解

そこで親鸞における道綽浄土教をめぐる領解については、何よりもその三時思想、末法思想に、多大な影響をうけていることがうかがわれます。

そのことは親鸞が、その『教行証文類』の「化身土文類」に、末法思想にかかわって明かした『安楽集』の文を、四文ほど引用しているところにもうかがわれるところです。すなわち、そこではまず、

しかるに正真の教意によって、古徳の伝説をひらくに、聖道浄土の真仮を顕開して邪偽異執の外教を教誡す。如来涅槃の時代を勘決して正像末法の旨際を開示す。（真聖全二、一一六七頁）

と明かします。

そして第一には、『安楽集』の第五大門第一の「念仏の道が速疾であることを明かす文」によって、聖道教が難行道として一万劫にわたる修道のすえに、ようやく正定聚、不退転地に至ることを示します。

そして第二には、その第一大門第一の「『観無量寿経』の意義を明かす文」によって、

仏法を学ぶについては、何よりも歴史性と人間性について深く勘考すべきであって、その歴史性においては、現今が釈尊滅後はるかにして仏法が衰えた末法の時代に入り、その人間性においても無智にして、その能力が低下している今日では、易行なる浄土教の称名念仏の道こそが、もっとも万人にふさわしい教法であると明かします。

そして第三には、その第六大門第三の「浄土教の永遠性を示す文」によって、釈尊入滅ののち、正法の時代が五百年、像法の時代が千年、末法の時代が一万年続くが、その末法の時代においても、『無量寿経』のみは長く止住して、よく人々によって学ばれると明かします。

そして第四には、その第三大門第四の「念仏三昧を勧信する文」によって、『大集月蔵経』には、末法の時代には、いかに心を傾けて行業をおこし仏道を修めても、一人として仏の「さとり」をひらくものはいない、今日では、ただ浄土念仏の一道だけが、よく仏の「さとり」に至る道であると説いていると明かします。

親鸞は、以上の『安楽集』の四文を引用したのち、

しかれば穢悪濁世の群生、末代の旨際を知らず僧尼の威儀をそしる。いまの時の道俗己れが分を思慮せよ。（真聖全二、一六八頁）

と結んでおります。当今が末法の時代であることをよくよく認識して、まことの成仏道と

しての浄土念仏の道に帰依せよと主張するわけです。
そして親鸞はまた、『正像末和讃』を著わして、

自力聖道の菩提心　こころもことばもおよばれず
常没流転の凡愚は　いかでか発起せしむべき
像末五濁の世となりて　釈迦の遺教かくれしむ
弥陀の悲願ひろまりて　念仏往生さかりなり（真聖全二、五一八頁）

などと讃じているところです。

日本における末法思想は、平安時代の永承七（一〇五二）年、藤原道長の子の頼道が、宇治に平等院鳳凰堂を建立した前年に、末法の時代がはじまったと理解されましたので、親鸞には、すでに末法の時代のただ中に生きるという自覚がありました。当時の主なる仏教者、笠置の貞慶（一一五五～一二一三）や栂尾の明恵（一一七三～一二三二）など、さらにはまた道元（一二〇〇～一二五三）、栄西（一一四一～一二一五）、日蓮（一二二二～一二八二）らは、いずれも深い道心を抱いて、それぞれの戒行をいちずに実践しつつ、その末法という歴史に対して、全面的に対峙し、それをたくましく克服していくことをめざしましたが、親鸞における末法思想についての対応は、まことにユニークなものでありました。

すなわち、親鸞は、その歴史性については、現在がすでに釈尊より遠く距っているとい

うことをめぐっては、親鸞独自の釈尊観を展開いたします。すなわち、親鸞には、『二尊大悲本懐』と呼ばれる自筆の軸物が残っておりますが、それによりますと、中央上段には太字で釈尊の出世を讃える文を書き、その下にその文を註解して、「教主世尊之大悲也」と結んでおり、またその中央下段には阿弥陀仏の誓願を讃える文を書き、その下にその文を註解して「阿弥陀如来之大悲也」と記しております。この軸が二尊大悲本懐と呼ばれる理由です。そしてその最上段に、覚運の『念仏宝号』の取意の文として、

一代の教主釈迦尊、迦耶にして始めて成るは実の仏にあらず。久遠に実成したまへる弥陀仏なり。永く諸経の所説と異なる。（親鸞全集、写伝篇二、二〇三頁）

と明かしており、ここで親鸞は、迦耶城（ブッダガヤー）において成道した釈尊とは、化仏にして、まことの真仏とは久遠実成なる阿弥陀仏にほかならないというわけです。すなわち、釈尊とは本来は阿弥陀仏である。その阿弥陀仏が化仏として到来、示現したのが釈尊であるというわけです。そのことはまた、『浄土和讃』に、

久遠実成阿弥陀仏　五濁の凡愚をあわれみて
釈迦牟尼仏としめしてぞ　迦耶城には応現する（真聖全二、四九六頁）

とも明かされるところです。かくして親鸞においては、歴史的な存在としての釈尊とは、歴史を超えたところの阿弥陀仏そのものにほかならず、したがってまた、その釈迦仏即阿

弥陀仏は、昔も今も、この現実、この私自身に向って到来、示現しつづけているわけであります。そのような領解に立脚するかぎり、大聖を去ること遥遠であるという末法史観は、まったく成立しなくなるところで、親鸞においては、ここにおいて、末法という歴史意識は、見事に克服されているわけであります。

そしてまた、その末法思想において指摘される人間性、その人間における智解の能力の低下ということをめぐっては、親鸞における浄土の仏道の領解においては、もっとも原形の〈初期無量寿経〉の『大阿弥陀経』によりますと、その浄土の仏道には、その願文によれば、第五願文の不善作悪者のための聞名の道と、第六願文の一般在家者のための布施、造塔、作寺などの善根修習の道と、第七願文の出家者による六パラミツ行の三種の行道がありました。しかしながら、その行道については、〈後期無量寿経〉に至ると、その不善作悪者の聞名の道が、いっそう重視されることとなり、阿弥陀仏の思想、浄土教における行道とは、ひとえに悪人成仏のための聞名の道に集約されていくこととなりました。そのことは『歎異抄』に、「他力をたのみたてまつる悪人、もとも往生の正因なり」（真聖全二、七七五頁）と明かされる、悪人正因の思想、悪人こそが浄土往生のまさしき因種であるという領解に、見事に結実しているところであります。そしてその聞名の道とは、すでに『真宗学概論―真宗学シリーズ2』などで、詳しく論考したように、浄土教理の展開の流れにおいて、親鸞に至ると、称名、聞名、信心の道として領解されることとなり、そのような行道は、その『教行証文類』において明確に教示されているところです。その点、親鸞によって開顕されたところの浄土の仏道とは、いかなる不善作悪者なるもの、極悪深重の悪人でも、容易に修めることのできる称名、聞名、信心の道においてこそ、ひとしくよく往生成仏することができるわけであって、親鸞がその「化身土文類」において、

まことに知んぬ。聖道の諸教は在世正法のためにして、まったく像末法滅の時機のあらず、すでに時を失し機にそむけるなり。浄土の真宗は、在世、正法、像末、法滅、濁悪の群萠、ひとしく悲引したまうをや。（真聖全二、一六六頁）

と明かすものは、このような真宗の仏道こそが、末法、法滅の時代の人間性に、もっともふさわしい行道であることを語ったものでありましょう。

かくして親鸞は、その末法における歴史観と人間観とについて、独自な領解を展開しているわけでありまして、ここではそのような仏教観にもとづいて、末法思想が見事に克服されていることがうかがわれます。

第六章　善導『観無量寿経疏』

一　善導の生涯とその撰述

1　善導の生涯

善導は、道宣の『続高僧伝』などによりますと隋の大業九（六一三）年に誕生したといいます。その出生地については、泗州（安徽省泗県）と臨淄（山東省臨淄県）の二説がありますが、今日では臨淄であろうと考えられております。善導は幼くして明勝法師に従って出家し、仏道を修学しましたが、はじめは『法華経』や『維摩経』を学んだといい、のちに浄土変相図を見て深く感銘するところがあり、それ以来、浄土教に帰依して、もっぱら阿弥陀仏の浄土を願生するようになったといいます。善導が育った山東の地域には、すでに阿弥陀仏信仰がひろく流布していたようです。善導はそののち具足戒を受けましたが、妙開律師とともに『観無量寿経』を学んで、いっそう浄土教に傾倒していきました。

そのころの中国では、この『観無量寿経』は、ただに浄土教徒のみではなく、ひろく仏教界一般においても注目されていたわけで、地論学派の浄影寺慧遠（五二三〜五九二）、三論学派の吉蔵（五四九〜六二三）らが、ともにこの経典に注目し、その註解書を作成しております。末法という鮮烈な時代意識の中で、その歴史性と人間性について深い反省が生まれていた当時、罪業深重なる凡夫が救われていく道を説いたこの『観無量寿経』が、多くの人びとによって渇仰され、それについて研鑽されることとなったのは当然のことでありましょう。

善導もまた、そういう当時の宗教的状況の中で、この『観無量寿経』と出遇い、それを学ぶようになったと思われます。善導は、はじめは長安の都の南、終南山の悟真寺で修学しておりました。この悟真寺は、当時では浄土教信仰の中心的道場でもあったと推定されていますが、早くから浄土教に傾倒していた善導は、ここを訪ね、ここに止住し学習したわけでありましょう。

善導はその後、さらに仏道の先師を求めて各地を周遊し、そのころ山西省石壁の玄中寺に住んで、名声の高かった道綽を訪ねました。当時の道綽は、末法の時代には、ただ浄土念仏の一門のみが、まことの成仏道であると領解して、自らもっぱら念仏を修め、また民衆にも、この浄土の教法を勧めておりました。善導はこの道綽との出遇いをとおして、はじめて称名念仏の真実性を確認し、浄土の存在を信知体験したものと思われます。善導がこの道綽を訪ねたのは、善導がおよそ二十歳前後のころであったと推定されていますが、もしも善導が二十歳の時であったとすれば、道綽は七十一歳であったことになります。そして善導は、それから十年あまり、この道綽に師事して、ひたすらに浄土の教法を学習し、その実践に精励していったわけでしょう。そして道綽は、この玄中寺において八十四歳の生涯を終えましたが、その時、善導は三十三歳でした。師に先き立たれた善導は、やがて石壁をあとにして、かつての終南山に帰っていきました。

善導は、その『新修往生伝』によりますと、仏堂に入ると一心に念仏して力の尽きるまで休まず、寒冷の日にもなお念仏して汗をだしていたといい、三十余年間は寝所を設けることなく、洗浴のほかには法衣を脱がなかったといい、戒律をたもって少しも犯かさず、いっさいの名利を念ずることなく、綺訶戯笑することもなかったといいます。

また善導は、『阿弥陀経』を書写すること十万余巻におよび、浄土の変相図を描くこと三百余舗であったといいますが、現在、龍谷大学図書館に、かつての大谷中央アジア探検隊が、トルファンの遺跡からもたらしたところの、末尾に「願往生比丘善導願写弥陀経云々」という発願文が書かれている、唐代写本の『阿弥陀経』の断片が蔵されておりますが、この古写本は、あるいは善導自身によって書写された、十万余巻の中の一本ではなかろうかとも偲ばれるところです。

善導は、また長安の都にでて、多くの民衆と交わりながら伝道教化に力を尽くしました。そのころの長安は、唐の帝都として世界の文化をあつめ、また東西貿易の一大市場として金銀商や絹織物商が軒を並べ、またさまざまな異国人が行きかよう国際都市として繁栄しておりました。そのころの長安の人口は百万におよんでいたといいます。また当時の長安には、多くの寺院も聳えて仏教が隆盛し、華厳宗、三論宗、律宗、禅宗などの各宗派の実践や教化がおこなわれておりました。ことに十余年の歳月をかけて、インドにまで求法の旅を試みた玄奘（六〇二～六六四）が帰国して、新しい西方諸国の文化を伝え、また新しい多くの経論を請来し、それを翻訳するということもあって、中国仏教は黄金時代を迎えていました。また他方では、中国伝統の道教も盛んでありました。そしてまた、キリスト教のネストリウス派（景教）が伝えられ、太秦寺という教会も建てられて、異国情緒豊かな讃美歌が歌われ、またゾロアスター教（祆経《けんきょう》）の拝火信仰も伝来して、西域の人々によって信奉されておりました。当時の長安の宗教的事情はまことに多彩なものがあったわけです。かくしてこのような状況の中で、善導の伝道教化がすすめられました。

善導が、「六時礼讃」など、阿弥陀仏を本尊とする仏堂における、讃仰と懺悔を織りまぜた、新しい音楽的な礼拝儀礼の作法を創作したこと、また浄土の変相図を多く作成したということなどは、いずれもそういうキリスト教などによる、長安を中心とする当時の宗教的状況に、よく対応して生まれてきたものでありましょう。

その『続高僧伝』によりますと、「すでに京師に入りて広く此の化を行ず。（中略）士女の奉ずる者その数は無量なり」と伝えていますが、善導が長安に止住して講筵を開いたところは、懐遠坊の光明寺でありました。この光明寺は随代に創建されたもので、その境内にはいくつかの院があって、善導はその中の浄土院に拠っていたと考えられています。善導はまた、長安の晋昌坊の慈恩寺にも居たことが知られます。そしてまた善導は、長安の大平坊の実際寺にも住んでいたことが記録されております。善導はまた地方教化の旅にもでており、遠く襄陽にもその足跡をとどめております。

また善導は、その晩年に龍門の石仏造営にかかわりました。唐の高宗皇帝の発願により、咸亨三（六七二）年より三年をかけて、毘盧舎那仏の大石像が龍門の石窟に造立されました。高さ十七メートルを超える壮大にして豊麗な仏像は、唐代彫像中の傑作といわれております。善導はその造立監督の任にあたったわけです。私もかつてそこを訪ねましたが、その台座の左横には、善導の名前が彫られてありました。

そして善導は、唐の高宗永隆二（六八一）年の三月、六十九歳をもって入寂しました。

弟子の懐惲らが、長安の南、終南山の麓の神和原にその墳墓を営み、かたわらに大塔を擁した伽藍を建立しましたが、その寺は香積寺と呼ばれました。

2　善導の撰述

善導の撰述については、基本的には五部九巻あるといわれています。すなわち、次のものがそれであります。

『観無量寿経疏』（『観経疏』）四巻
『観念阿弥陀仏相海三昧功徳法門』（『観念法門』）一巻
『往生礼讃偈』（『往生礼讃』）一巻
『転経行道願往生浄土法事讃』（『法事讃』）二巻
『依観経等明般舟三昧行道往生讃』（『般舟讃』）一巻

この中で、はじめの『観無量寿経疏』は、善導の浄土思想をもっとも明確に示しております。善導の思想を理解するためには、何よりもこの『観無量寿経疏』をうかがうべきでありましょう。かくして古来この『観無量寿経疏』を「本疏」と名づけ、また「解義分」とも呼んでおります。そしてそれに対して、のちの四部は、概して浄土教の実践行儀について明かしたもので、上の「本疏」に対しては「具疏」といわれ、また「行儀分」とも呼ばれております。

なおまた、善導の撰述については、上記の五部九巻のほかに、『弥陀経義』『勧化径路修行頌』『臨終正念往生文』『二十四讃』『一行礼文』『念仏集』『大乗布薩法』『善導和尚遺言』『西方礼讃文』などがあるといわれております。その『弥陀経義』とは、「定善義」の中に「此の義は『弥陀経義』の中に已に広く論じ竟んぬ」（真聖全一、五〇八頁）という文があることによって存在が推定されるものですが、現在には未伝のものです。『勧化径路修行頌』とは、六言八句の偈頌で『楽邦文類』巻第五や『龍舒浄土文』巻第五に収められています。『臨終正念往生文』とは、もと道鏡・善道の『念仏鏡』の末尾にあるもので、『龍舒浄土文』巻第十二には『善導和尚臨終往生正念文』と題してこれを引いております。また『楽邦文類』巻第四には、ほぼこれと同文を『臨終正念訣』と題し、「京師比丘善導」の作として収めています。これは『念仏鏡』の共集者善道を、善導と同一視することによって生まれた理解ですが、なお疑問が残るところであります。『二十四讃』とは、王古の『新修往生伝』巻下、および遵式の『往生西方略伝序』に善導の著書として記せられているものです。『一行礼文』とは、『新修往生伝』巻下に、上の『二十四讃』と一連に記録されていますが、ともに未伝のものです。『念仏集』とは、『念仏鏡』の文中に、「西京善導闍梨念仏集」とあるものによりますが未伝です。『大乗布薩法』とは、『智証大師請来目録』に「大乗布薩法一本善導」とあるものによるわけですが、今日では未伝のものです。『善導和尚遺言』とは、長西の『浄土依憑経論章疏目録』の中の「偽妄録」に「善導和尚遺言一巻」と記されるものによるわけですが、言うごとく偽作でありましょう。玄智の『浄土真宗教典志』巻第一に「善導和尚遺誡鈔一巻」とあるものは、この書を指すものと思われます。『西方礼讃文』とは、ペリオ発見の敦煌本の法照の『浄土五会念仏誦経観行儀』巻中に引用されるものですが、『往生礼讃』や慈愍の『西方讃』と重複する文もあって、問題が残るところであります。

以上、善導の著作については、五部九巻のほかに種々が挙げられますが、それらは未伝のものか、また真偽未詳ものであります。そこでいまは、その基本的な撰述としての五部九巻について概観することといたします。

二　『観無量寿経疏』の梗概

1　『観無量寿経疏』の組織

この『観無量寿経』は、劉宋《りゅうそう》の畺良耶舎《きょうりょうやしゃ》（三八三～四四二ごろ）によって、元嘉初年より同十九年の間（四二四〜四四二）に訳されたものといわれております。そしてそのころになると、中国仏教界では末法思想が説かれるようになり、その歴史性と人間性に対する深い自覚が生まれてきましたが、罪業深重なる凡夫でも、すべて仏に成ることができると教説するこの『観無量寿経』は、多くの仏教徒によって熱く注目されることとなりました。ことに地論学派の慧遠や三論学派の吉蔵らは、それぞれの立場から、この『観無量寿経』についての註解書を著わしました。

それに対して、まさしく浄土教の立場、ことには『無量寿経』の第十八願文の意趣を基軸として、この『観無量寿経』を註解したものが、この善導の『観無量寿経疏』でありま す。善導は、その「散善義」の後跋の文において、「某いまこの観経の要義を出して古今を楷定せんと欲す」（真聖全一、五五九頁）と述べて、『観無量寿経』に対する古今、過去と現在のさまざまな解釈について検討、批判し、ここにその正義を開顕すると語っておりま す。ここでいう「古今」とは、かつての慧遠、吉蔵らの解釈と、現今の摂論学徒の別時意説なる論難などを指すものと思われますが、善導は、それらの誤解、非難に対し、自己自身の信念をかけて、この『観無量寿経』を随文随釈しているわけであります。

以下、その『観無量寿経疏』における、およその組織と、その内容について解説いたします。その組織については次の図示のとおりです。

『観無量寿経疏』の組織

- 玄義分──偈文と『観無量寿経』の玄義について明かします。
- 序分義──『観無量寿経』の証信序と発起序について明かします。
- 定善義──第一日想観から第十三雑想観までについて明かします。
- 散善義──第十四上輩観から第十六下輩観までと得益分、流通分、耆闍分について明かします。

「玄義分」の組織

- 偈　文──帰三宝偈──偈文をもって大衆に仏法僧の三宝に帰依せしめることを表白します。
- 玄　義
  - 序題門──『観無量寿経』の大意を明かします。
  - 釈名門──『観無量寿経』の経名の字義について明かします。
  - 宗旨門──『観無量寿経』の宗要が観仏三昧と念仏三昧の行道であることを明かします。
  - 説人門──『観無量寿経』が釈尊の自説であることを明かします。
  - 定散門──『観無量寿経』が定善の道と散善の道について説くことを明

かします。

- 和会門――『観無量寿経』と他経や諸論との相違について弁明します。
- 得益門――韋提希夫人がいつ救われたかについて、第七華座観の開説のところであると明かします。

「序分義」の組織

- 証信序――この『観無量寿経』の経説を信認すべきことを証明します。
- 発起序――この『観無量寿経』が開説された理由を明かします。

その内容は次のとおりです。

- 化前序――他の経典はすべてこの『観無量寿経』を開説するための前方便であると明かします。
- 禁父縁――阿闍世太子が父の頻婆娑羅王を牢獄に幽閉することを明かします。
- 禁母縁――阿闍世太子が母の韋提希夫人を幽禁することを明かします。
- 厭苦縁――韋提希夫人の苦悩憂愁について明かします。
- 欣浄縁――韋提希夫人の浄土願生の思念について明かします。
- 散善顕行縁――散善三福の行道について教示します。

「定善示観縁」――定善観仏の行道について教示します。

「定善義」の組織

- 依報観
  - 第一――日想観――夕陽を観ずることを示します。
  - 第二――水想観――水と氷を観ずることを示します。
  - 第三――地想観――浄土の大地を観ずることを示します。
  - 第四――宝樹観――浄土の宝樹を観ずることを示します。
  - 第五――宝池観――浄土の宝池を観ずることを示します。
  - 第六――宝楼観――浄土の楼閣を観ずることを示します。
  - 第七――華座観――阿弥陀仏の華座を観ずることを示します。
- 正報観
  - 第八――像　観――阿弥陀仏の像を観ずることを示します。
  - 第九――真身観――阿弥陀仏の仏身を観ずべきことを示します。
  - 第十――観音観――観音菩薩を観ずべきことを示します。
  - 第十一　勢至観――勢至菩薩を観ずべきことを示します。
  - 第十二　普　観――浄土の荘厳の全体を観ずべきことを示します。
  - 第十三　雑想観――浄土の仏・菩薩のすべてを観ずべきことを示します。

「散善義」の組織

- 第十四上輩観
  - 上品上生――大乗上善の凡夫は行福を修めるべきことを明かします。
  - 上品中生――大乗次善の凡夫は行福を修めるべきことを明かします。
  - 上品下生――大乗下善の凡夫は行福を修めるべきことを明かします。
- 第十五中輩観
  - 中品上生――小乗上善の凡夫は戒福を修めるべきことを明かします。
  - 中品中生――小乗下善の凡夫は戒福を修めるべきことを明かします。
  - 中品下生――世善上福の凡夫は世福を修めるべきことを明かします。
- 第十六下輩観
  - 下品上生――十悪軽罪の凡夫は称名念仏行を修めるべきことを明かします。
  - 下品中生――破戒次罪の凡夫は称名念仏行を修めるべきことを明かします。
  - 下品下生――五逆重罪の凡夫は称名念仏行を修めるべきことを明かします。
- 得益分――韋提希夫人が救われたことについて明かします。
- 流通分――称名念仏の功徳がすぐれていることを明かします。
- 耆闍分――この『観無量寿経』の教説が終わった後に、阿難が耆闍崛山に集っていた人々にその教説について再説したことを明かします。

「後跋の文―この『観無量寿経疏』を結ぶ文を明かします。

（真聖全一、四四一～五六〇頁）

2 『観無量寿経疏』の解説

（1）「玄義分」

この「玄義分」は、『観無量寿経』を註解するにあたり、まず最初に、その要綱を明かすものです。次の「序分義」「定善義」「散善義」が、それぞれ『観無量寿経』の内容について、その経文にしたがって註釈するに対して、ここではその『観無量寿経』を貫く根本意趣について明らかにします。

この「玄義分」の組織については、最初にいわゆる「帰三宝偈」と呼ばれる偈頌を掲げ、次いで七種の項目をあげて、『観無量寿経』の玄意について明かします。その七種とは、

一、序題を標す（序題門）
二、その経名を釈す（釈名門）
三、『観無量寿経』の宗旨を示す（宗旨門）

四、『観無量寿経』の説者について明かす（説人門）
五、定散二善を説明する（定散門）
六、経論の相違を弁明する（和会門）
七、韋提希夫人の得益を明かす（得益門）

です。

そこでその「帰三宝偈」とは、十四行五十六句の偈頌ですが、この「帰三宝偈」の意趣は、ひとえにあらゆる民衆をして、仏、法、僧の三宝に帰依せしめるためのものであるといいます。その偈文の内容は、五段に分かれています。

一、まず大衆に勧める（「道俗時衆等」以下）
二、三宝に帰敬する（「世尊我一心」以下）
三、帰敬の意を述べる（「我等咸帰命」以下）
四、述意を開示する（「我依菩薩蔵」以下）
五、廻向願生する（「願以此功徳」以下）

がそれです。すなわち、ひろく大衆に浄土への願生を勧め、自らもまた深く三宝に帰敬して、ここに浄土の法門を開顕し、もってともに浄土に往生したいという、この『観無量寿経疏』撰述の意趣を表白しているわけです。

次いで『観無量寿経』の玄意を論じる七種の項目の中、第一の序題門とは、まずはじめに『観無量寿経』の大意を示します。すなわち、真如は万物に普遍して、人間はひとしく仏の性質を宿しているものの、迷妄の衆生は、それを顕わすことがまことに困難です。そこでこれらの衆生のために、釈尊がこの世に出現して、さまざまな教法を開示し教導されました。そしていまは韋提希夫人がとくに浄土往生の道の開説を願い、ここにこの『観無量寿経』が説示されることとなったわけです。浄土の教法については、この『観無量寿経』に示される、釈尊の教説としての定散二善の要門の道と、『無量寿経』に明かされる、阿弥陀仏の本意としての念仏一行の弘願の道があります。いわゆる二尊二教です。しかしながら、この『観無量寿経』の深意をたずねますと、釈尊もまたついには、弘願の念仏一行を勧められるわけで、ついには二尊は一致して一教であり、この『観無量寿経』もまた、まさしくは弘願念仏の行道を教説したものにほかならないと明かします。

次に第二の釈名門とは、経名の『仏説無量寿観経』の字義について註解するものであって、その一字ずつについて詳細な解釈をおこないます。かくしてこの『観無量寿経』の経名とは、阿弥陀仏とその浄土を、三昧の智慧をもってまさしく観じていくことを意味するといいます。また第三の宗旨門とは、『観無量寿経』に説かれているところの宗要には、観仏三昧と念仏三昧とがあり、またこの『観無量寿経』は大乗仏教の中の頓教に属する教法であることを明かします。

第四の説人門とは、経を説くものについて五種の別があることを述べ、この『観無量寿経』は、釈尊が王舎城内において、韋提希夫人のために教説されたものであることを明かします。次の第五の定散門とは、この『観無量寿経』に説く定散二善について、他師の理解を批判しながら、韋提希夫人が請うたのは定善の道であって、散善の道は釈尊が自らの意志において説いたものであり、その定善の道とは十三観の教説をいい、散善の道とは以下の三福九品の教説をさすといいます。

第六の和会門とは、『観無量寿経』の教説と相違する、『観音授記経』や『摂大乗論』などの文にもとづく批判について、両者の矛盾を弁明するもので六節に分かれます。はじめの四節は、『観無量寿経』の散善の道の教説において、浄影寺慧遠が、そこに説かれている九品の機類をすべて聖者と見るに対して、善導は、九品すべてが凡夫にほかならないといい、それらがすべて仏願力にもとづいて浄土に往生をうると明かします。そして第五節は、無着の『摂大乗論』と天親の『摂大乗論釈』を奉ずる摂論学徒が、『観無量寿経』に説くところの念仏の道とは、その往生の道についても、成仏の道についても、ともにそれを縁としていつの日にか果を成ずるところの、別時意趣なる方便の教説にほかならない、と論難するに対して、善導は、その成仏別時意説については肯定しながらも、往生別時意説に対しては、『観無量寿経』に説かれているところの称名念仏とは、その一声の中に、まさしく願と行とが具足されているのであって、この称名念仏の道においてこそ、よく浄土往生を成就しうると主張いたします。そして次の第六節は、阿弥陀仏とその浄土は、化身、化土ではなくて、法蔵菩薩の因願に酬報して成立した報身、報土であることを明かします。そして第七の得益門とは、韋提希夫人がいつ救いをえたかという問題について明かすもので、善導は、その第七華座観のはじめにおいて、釈尊の言葉に応じて空中に示現した阿弥陀仏を拝見したとき、韋提希夫人は無生忍をえて救われたといいます。

（2）「序分義」

次の「序分義」は、『観無量寿経』の序分について解釈する部分です。まずはじめに、『観無量寿経』の全体を、序分、正宗分、得益分、流通分、耆闍分の五門に分科します。その序分とは、経説の序章にあたるところで、冒頭の「如是我聞」から「見阿弥陀仏極楽世界」までをいいます。正宗分とは、経説の本論に相当するところで、「仏告韋提希汝及衆生」から始まる第一日想観から、下品下生の行道を明かす「名第十六観」までをいいます。得益分とは、韋提希夫人の得益、救済を語る部分で、「説是語時」以下の、韋提希夫人が仏の救いをえたことを明かす文をいいます。流通分とは、経説の結章を意味するもので、次の「爾時阿難」以下、釈尊が阿難に阿弥陀仏の名号を付属される文をいいます。また耆闍分とは、前の四門が王舎城の王宮において教説された部分であるのに対して、これはその説法が終わったのち、釈尊が耆闍崛山に帰られてから、その教説の内容を、阿難が、そこで待っていた仏弟子たちに再説した部分であり、「爾時世尊」以下、経末に至るまでの文をいいます。その点、この『観無量寿経』は二か所で教説されたわけで、古来これを両処二会の経典と呼んでおります。

そこでいまは、その序分について解釈するわけですが、善導はこの序分について、さらに証信序と発起序を分けます。その証信序とは、阿難が釈尊より、確かにこの教説を聞いたことを述べて、それが信認されるべきことを証明する部分です。次の発起序とは、この『観無量寿経』の教法が説かれることになった因縁、理由を明かす部分で、善導はその中を、化前序、禁父縁、禁母縁、厭苦縁、欣浄縁、散善顕行縁、定善示観縁の七段に分けています。化前序とは、この『観無量寿経』の教説が生まれる以前の因縁を意味するもので、善導の意趣からすれば、あらゆる聖道の諸教は、すべてこの『観無量寿経』開示のための前方便、化前の意味をもつものであったというわけです。このようにこの序分を開いて、証信序、発起序、化前序の三序としたのは善導独自の見解です。次の禁父縁とは、阿闍世太子が父王を牢獄に幽閉する理由を述べるところ、禁母縁とは、太子がさらに母の韋提希夫人をも幽禁することを明かす部分をいいます。厭苦縁とは、韋提希夫人が、このような悲劇の中で、苦悩の多いこの穢土を厭うことをいい、欣浄縁とは、韋提希夫人がその苦悩を通して無憂なる世界を求め、ことに選んで阿弥陀仏の浄土に生まれたいと願い、その浄土往生の行道を教えてほしいと請うた部分をいいます。

この『観無量寿経』に説く、

唯願わくば世尊よ、我れに思惟を教え、我れに正受を教えたまえ。（真聖全一、五〇頁）

という、韋提希夫人の言葉を、慧遠たちは、思惟を散善、正受を定善と解して、韋提希夫人は定散二善の開説を請うたと理解しています。しかしながら、善導は、思惟と正受はともに定善を意味すると理解して、韋提希夫人は定善の開説のみを請うたとします。そしてこの韋提希夫人の欣浄の心が、釈尊の願いにかなったところ、釈尊は微笑をもって応じられました。ここに釈尊の真意としては、あらゆる衆生のために、この定善観仏の道のほかに、散善の三福と念仏の道を開説しようという意図があったと理解するわけです。次の散善顕行縁とは、その散善を説こうとされた釈尊の本意について明かした部分をいい、定善示観縁とは、韋提希夫人の請いに応じて、定善を説こうとされる意志について述べた部分をいいます。

かくして、この序分においては、以下の正宗分には、その念仏の道の教説こそが、釈尊の教説の本意であることを主張せんとする意図が明瞭にうかがわれます。このことは、新しく浄土教を独立させて、ここに仏教の中核があることを開顕しようとした、善導の『観無量寿経』理解の基本の姿勢でもあります。

（3）「定善義」

次の「定善義」とは、『観無量寿経』の正宗分の中の、定善十三観法について、その経文にしたがって註解する部分です。定善とは、息慮凝心にもとづく、善根のことで、いまは阿弥陀仏とその浄土の功徳荘厳を、心を定め思を凝らして観想する善根のことをいいます。『観無量寿経』では、その定善の観法を十三種にわたって説いているわけです。その十三種とは、第一日想観、第二水想観、第三地想観、第四宝樹観、第五宝池観、第六宝楼観、第七華座観、第八像観、第九真身観、第十観音観、第十一勢至観、第十二普観、第十三雑想観です。その中の第七華座観までが、浄土の環境世界の荘厳を観ずる依報観であり、それ以下が、浄土の主体としての、仏と菩薩の荘厳を観ずる正報観です。

第一の日想観とは、西方に没する太陽を観ずることであり、第二水想観とは、水と氷を観ずることをいいます。この二観は、以下の浄土の荘厳に対する観想の前方便としての、トレーニングの性格をもつものであって、善導はその方法について、その正座の仕方から心の定め方などを、詳細に指示しております。第三地想観とは、浄土の大地について観ずることをいい、第四宝樹観とは、浄土の宝樹をめぐって観ずることをいいます。第五宝池観とは、浄土の宝池に功徳の水が充満している相を観ずることをいい、第六宝楼観とは、浄土に建立されている楼閣を観ずることをいいます。いずれも徹底した定心寂静の境地において、教説にしたがって浄土の相状を観念する道を明かすわけです。第七華座観とは、阿弥陀仏が坐している蓮華台を観ずることです。『観無量寿経』では、この観法が説かれる前に、釈尊の言葉に応じて、阿弥陀仏が空中に住立し、韋提希夫人はそれを拝見したと説いていますが、善導は、ここに阿弥陀仏と釈尊の呼応する相を見て、二尊一致の意趣を捉え、またその阿弥陀仏の空中住立の意味について、それが衆生を救わんための姿であることを述べております。そして善導は、韋提希夫人がこのときに仏に救われたと理解したことは、すでに上において見たとおりであります。

第八像観とは、ここからが正報観であって、仏身を表象した画像や木像などの仏像を観ずることをいい、これもまた、以下の仏、菩薩の荘厳に対する、観想の前方便的なトレーニングの性格をもつものです。善導は、ここで「法界身」という語を註解するについて、法界身とは、あらゆる世界に遍満する仏身のことで、仏の心はつねに衆生を照知し、仏の身はつねに衆生に向って到来し、しかもその照知と到来はつねに無礙であると明かしています。そしてまた、そこで説かれる「是心作仏是心是仏」の経文を解して、心によく仏を観想すれば仏身もまたそれに応じて示現し、この心を離れてほかに仏が示現し、存在することはないと語っております。ここには浄土教における阿弥陀仏の理解についての、基本的な立場が明示されております。次の第九真身観とは、阿弥陀仏の真身を観ずることをいいます。善導は、ここで『観無量寿経』の「念仏衆生摂取不捨」の文を註解し、念仏三昧のものがうる摂取不捨の利益について、親縁、近縁、増上縁の三縁を語り、親縁とは、衆生が称名、礼拝、憶念すれば、阿弥陀仏はつねに応答したもうことをいい、近縁とは、仏がつねに衆生に近接して離れぬことをいい、増上縁とは、衆生の業繋がいかに深重であっても、阿弥陀仏の働きかけに対しては、何ら障害にならないことをいうと明かしております。また善導は、この念仏三昧について、『浄土三部経』の教説にもとづき、このように名号を専念することが、他のさまざまな善根よりも、はるかに勝れていることを明かしております。そして次の第十観音観、第十一勢至観とは、阿弥陀仏の脇侍としての、観音菩薩と勢至菩薩を観ずることをいいます。第十二普観とは、浄土の荘厳功徳相の全体を観じ、自らがあたかもそこに往生するような想をもつことをいいます。そして最後の第十三雑想観とは、仏、菩薩のすべてをまじえて観察することをいいます。

以上は、韋提希夫人の「我れに思惟を教え、我れに正受を教えたまえ」という請いによって、釈尊が開説された定善の十三観の法について註解したものです。

(4)「散善義」

次の「散善義」とは、『観無量寿経』の正宗分の中、散善の教説と、経末の得益分、流通分、耆闍分について、その経文にしたがって註解する部分、および『観無量寿経疏』全体にかかわる結びの文をいいます。散善とは、廃悪修善としての善根のことで、心を定めて修める観仏の定善に対して、心が散乱したままでおこなうことのできる、さまざまな善根を散善といいます。『観無量寿経』の正宗分では、もともと第一観から第十六観までの十六種の観法が説かれており、慧遠らは、その十六種の観法すべてを定善と見て、第十四観以下の三種の観法は、ことに他者の浄土往生の相としての、九品(九種類の人)の往生の相状を観ずる法を説いたもので、その中に散善の法が説かれていると理解いたしました。しかしながら、善導はその十六種の観法の中、はじめの十三種を定善とし、のちの三種は、ただちに観法を示したものではなく、九品の機類にしたがって、散善の修習にもとづく浄土往生の道を説いていると理解しました。すなわち、善導では、はじめの十三観は定善の道、のちの三観は散善の道を示したものだというわけです。そして善導は、はじめの定善の道は、韋提希夫人の請いによって説かれたものであるが、のちの散善の道は、釈尊自らの意志において、後世のあらゆる凡夫人のために開説されたものであるといいます。その点、善導においては、『観無量寿経』の教説には定善の道と散善の道の二種の行道が明かされていますが、まさしくは、この散善の道こそがその中核をなすものであったわけです。したがってまた、この善導の『観無量寿経疏』の四巻の中では、この「散善義」こそが、はじめの「玄義分」とともに、もっとも重要な意味をもつものでありました。

そしてこの散善には、行福、戒福、世福の三種が説かれております。ここでいう福とは善のことで、善根を修めれば福徳をうるゆえにそれを福といいます。行福とは、大乗仏教の菩提心にもとづいて行ずる自利利他の善根のことで、大乗経典を読誦すること、仏法僧などに対する六念（念仏、念法、念僧、念戒、念施、念天）を行ずることなどをいいます。戒福とは、小乗仏教の自利中心の心にもとづいて行ずる善根のことで、三宝に帰依し、諸種の戒を受持して犯さないことをいいます。また世福とは、日常的な世間において行ずべき道徳善のことで、父母に孝養し、師長に奉事し、慈心にして生きものを殺さないことなどをいいます。そして善導は、この三福について、それを九品の中、第十四観の上輩、第十五観の中輩の機類に配当します。すなわち、上輩の上品上生とは大乗上善の凡夫、上品中生とは大乗次善の凡夫、上品下生とは、大乗下善の凡夫にして、ともに行福を修習して浄土に往生をうるものをいいます。また中輩の中品上生とは小乗上善の凡夫、中品中生とは小乗下善の凡夫にして、ともに戒福を修習して浄土に往生をうるものをいいます。そして中品下生とは世善上福の凡夫をいい、世福を行じて浄土に往生をうるものをいうと明かします。その点、この散善三福と九品の機類の関係は、三福とは修習されるべき行業について明かしたものであり、九品とはその行業を修習する人について明かしたものにほかなりません。ところで、『観無量寿経』によると、その第十六観の下輩については、三品とも無善造悪の機類であって、造悪の軽重によって分けられております。すなわち、下品上生とは十悪軽罪の凡夫、下品中生とは破戒次罪の凡夫、下品下生とは五逆重罪の凡夫をいいます。そしてこれら三品はいずれも散善三福を修めることのできない下類の凡夫ですが、その臨終において善知識に遇ってただ称名念仏すれば、それだけでも浄土に往生をうると説かれます。かくしてこの散善の道とは、その機類については三輩九品に区分されていますが、修習すべき行業については、行福、戒福、世福、および念仏が明かされており、それぞれの機根に応じた行業の修習によって浄土に往生をうるというわけです。

ところが、善導はまた、その上品上生の経文の中に説かれているところの、至誠心、深心、廻向発願心の三心が、浄土往生の要因であるとも理解いたします。そしてこの三心とは、九品のすべての行道に通じて往生の正因となるというわけです。そしてまた善導は、この三心は、上に見たところの定善の道にも通じるといいます。その点善導にとっては、この三心とは、『観無量寿経』に明かされる浄土の行業としての、定善の道、散善の道、さらには念仏の道のすべてに通じて往生の要因となる、きわめて重要な意味をもつものでありました。

そこで善導によりますと、その第一の至誠心とは、真実心のことであって、内心に虚仮をいだくことなく、身口意の三業にわたって真実でなければならないといいます。

次の第二の深心とは、深く信じる心のことであって、これに二種があるといい、いわゆる機の深信と法の深信の二種深信を明かしております。その機の深信とは、

　決定して深く、自身は現に是れ罪悪生死の凡夫、曠劫よりこのかた常に没し常に流転して、出離の縁あることなしと信ず。（真聖全一、五三四頁）

ということであって、行道を修める私の現実存在の実相が、罪業深重であると信知することをいいます。また法の深信とは、

　決定して深く、彼の阿弥陀仏の四十八願は衆生を摂受したもう、疑いなく慮りなく彼の願力に乗じて定んで往生を得と信ず。（真聖全一、五三四頁）

ということであって、かの阿弥陀仏の本願は、まさしく私を摂取したもうと信知することをいいます。後世の教学では、この二種の深信の関係について、それは二種のままに一具であると理解しますが、善導自身の上では、両者の関係はそれほど明確には捉えられては

おりません。むしろ両者は前後の関係において理解されているようであります。そして善導は、このののちの法の深信について、さらに分解、詳説して五種の深信を明かしております。

そしてそのあとに、そのような信知を確立する方法として、就人立信と就行立信の義を示しています。その就人立信とは、浄土の教法に対して、人格について不動の信認を確立することであって、四種の破人、反駁者の異見、非難にあおうとも、決して動揺退失することなく、ひとえに釈尊の教説を信認するように誡めることをいいます。また就行立信とは、浄土往生の行業について堅固な信認を確立することであって、往生の行業について雑行と正行を明かし、その正行についてさらに正業と助業を分け、その正定業としての称名念仏の行こそが、阿弥陀仏の本願に順ずるところの、まさしき浄土往生の行業であると説いています。そしてここでいう正行とは、天親の『浄土論』に説く、五念門行の思想を継承発展させることによって、新しく創設されたところの読誦、観察、礼拝、称名、讃歎供養の五種の行をいいます。この五正行の中、第四の称名行を正業または正定業といい、そのほかの四種はこの称名念仏を助成する意味をもつものとして助業といいます。かくしてこの五正行、さらにいうならば称名念仏行を実践していくところ、ここにまさしく浄土往生の行道が成立するというわけであります。

また第三の廻向発願心とは、自分が過去と今生とにおいて修めた三業にわたる善根功徳と、他者が修めた善根について讃同し、随喜した功徳とを、ともに浄土に廻向して往生せんと願う心のことをいいます。善導は、この廻向発願心を釈すについて、「真実の深信の心の中に廻向して彼の国に生まれんと願ず」（真聖全一、五三八頁）といいますが、このことはこの廻向発願心とは、三心の中の至誠心と深心にもとづいて成立するものであって、帰するところ、三心とは、この廻向発願心に統摂されるものであることを意味しております。

そして善導は、続いて問答をもうけて、行道を学ぶについては必ず有縁の教法によるべきことを示し、そののち譬喩を説いて、ただいちずなる廻向発願心のありようを明かします。この譬喩が有名な「二河白道」です。その内容については省略いたします。

そして善導は、この散善の道について、すでに上においてもふれたように、上輩と中輩に対配して、行福、戒福、世福の三福を説き、また下輩については念仏の道を明かしますが、その下品上生については、一声の称名が、聞経の功徳よりもはるかに勝れていることを論じて、阿弥陀仏の本願に順ずる称名念仏をこそ修めるべきであるといいます。また下品中生については、罪人も阿弥陀仏の名号を聞くことによって、すべての罪業を除障し往生をうることを示しています。また下品下生については、ことに本願文との対比によって、五逆と謗法の重罪を犯すものについて、阿弥陀仏の真意においては、それを除くというのは、いまだそれを造らないものに対して抑止する意味であって、すでにそれを造ったものに対しては、すべてこれを摂取するということだと捉えて、五逆十悪の極悪の凡夫人も、善知識に導かれて修める称名念仏によってこそ、ひとしく浄土に往生をうることができると解釈しております。この下輩における念仏の道については、上に見た「玄義分」で説いたところの願行具足の称名行の主張に、よく照応するところでありましょう。

次の得益分については、善導の領解するところでは、韋提希夫人が救われたのは、すでに上に見たように、第七華座観のはじめに、空中に示現し住立した阿弥陀仏を拝見したときであったといい、いまもまたそのことにかかわって、韋提希夫人の得益について述べるわけです。

次の流通分については、ことに念仏三昧の功徳が雑善にくらべて勝れていることを明かし、その念仏者を讃えて、好人、妙好人、上上人、希有人、最勝人と呼んでいます。そして釈尊が阿難に名号を付属された文について、

上来定散両門の益を説くといえども、仏の本願の意を望まんには、衆生をして一向に専ら弥陀仏名を称せしむるにあり。（真聖全一、五五八頁）

と明かして、この『観無量寿経』は、韋提希夫人の請いにもとづく定善の道と、釈尊の自開による散善の道が説かれているが、阿弥陀仏の本願の心からすれば、その教説の本意は、

ひとえに称名念仏の道を勧めることにあったといいます。このことは、上に見たところの「玄義分」において、『観無量寿経』の中心は、観仏三昧と念仏三昧であると明かすことに対応するものであって、この流通分の釈からすれば、善導においては、『観無量寿経』における、観仏三昧（定善、散善をふくむ道）と、念仏三昧（称名念仏の道）の二つの中心も、ついには称名念仏としての、念仏三昧のひとつの道に帰するものであったことが明瞭であります。

次の耆闍分については、耆闍崛山上での阿難による再説のはなしですが、善導は、それについては、さらに序分、正宗分、流通分の分科を示すだけです。

そして終わりの結びの文は、有縁の人々に信を勧めるものであって、『観無量寿経疏』を撰述するについては、阿弥陀仏や釈尊など、あらゆる三宝に対して霊証を請求して、毎夜夢中に聖僧の指授をえたこと、そしてまたその脱稿ののちにも、さらに霊験をうることができたことを述べて、この書がまさしく仏意にかなうものであって、ひとしく仰信奉行すべきであるといっております。かくしてこの文は、最初の帰三宝偈の文と始終の関係をもつものであって、ここには善導における、自信と教人信の透徹した信念が、よくよくうかがい知られてくるところであります。

三　『観念法門』『往生礼讃』『法事讃』『般舟讃』の解説

1　『観念法門』

以下、そのほかの撰述として、その『具疏』の四部について、いささか解説いたします。

その『観念法門』とは、ことに観仏と念仏についての具体的な実践方法を明かしたもので、その首題には『観念阿弥陀仏相海三昧功徳法門』といい、尾題には経の一字を加えて、『観念阿弥陀仏相海三昧功徳法門経』と記しております。そこで古来それを略称して『観念法門』といいます。題号の意味については、「観念」とは観仏三昧と念仏三昧を指すと考えられます。善導においては、観仏三昧とは定善の道をいい、念仏三昧とは称名念仏の道をいいますが、また広義的には、ともに三昧見仏をめざす道として両者は重層するものでありました。いまはその両者を合して観念と明かしたものでしょう。また「阿弥陀仏相海」とは、阿弥陀仏の広大なる功徳相をいいます。「三昧」とはサマーディ（samādhi）の音写で、心を定めて保持し、もって心眼を開いて見仏することで、「功徳」とはその観仏ないし念仏の三昧法を行ずるものがうるところの利益をいい、「法門」とは、まさしき成仏の法義をいいます。すなわち、阿弥陀仏の広大なる功徳相について、観仏ないし念仏三昧の法を修習することによってうるところの、功徳利益について明かした法門、教説という意味であります。尾題にことに「経」の字を加えているのは、法門とはすなわち経である、ということによったものと思われます。

2　『往生礼讃』

『往生礼讃』とは、日常の仏事勤行作法について示したもので、首題および尾題ともに『往生礼讃偈』といいますが、その巻頭には、「勧一切衆生願生西方極楽世界阿弥陀仏国六時礼讃偈」と記しております。あらゆる人びとに勧めて、ともに西方なる阿弥陀仏の浄土に往生せんことを願うところの、日没、初夜、中夜、後夜、晨朝、日中の六時にわたって行なう、礼拝と讃歎の偈頌という意味であります。その点、略して『六時礼讃』とも呼ばれています。すなわち、これはすでに上においても明かしたように、当時の長安に進出してきたキリスト教の影響もあって、新しく音楽的な内容を加味したところの、日常におけ る礼拝作法として設定されたものでありましょう。またその冒頭の文によりますと、この『往生礼讃』を作成する意図について、

唯相続係心して往益を助成せんと欲す。また願わくば未聞を暁悟せしめて遠く遐代を

と明かしております。（真聖全一、六四八頁）この六時にわたる礼讃の偈頌を作成することは、ひとえにいよいよ相続係心して、称名念仏を修習するためにほかならず、これらの礼讃の偈頌を六時にわたって誦唱しつつ、もって多くの民衆に称名念仏の一行を、ひたすらに専修策励させたいと願ったわけでありましょう。

3 『法事讃』

『法事讃』とは、別時の勤行作法として作成されたもので、上下二巻に分かれており、その上巻の首題には『転経行道願往生浄土法事讃』と示し、その尾題には『西方浄土法事讃』といいます。またその下巻では首題尾題ともに『安楽行道転経願生浄土法事讃』となっていいます。その点、題名に統一が見られませんが、この三種の題名は具略の相違にすぎず、基本的には、『阿弥陀経』の諷誦を軸として、阿弥陀仏像のまわりを旋繞《せんにょう》行道し、その浄土に往生を願求する作法の讃文、という意味をあらわすものです。略して『法事讃』と呼んでおります。

なお、この『法事讃』の結文には、この勤行作法の功徳をもって、当時の唐の皇帝、皇后、皇太子の繁栄を願った文章がおかれておりますが、それは当時の浄土教が、世俗なる国家体制の中の存在でしかなかったことをよく物語るものでありましょう。

4　『般舟讃』

『般舟讃』とは、ことに般舟三昧の行道について明かすものですが、正しくは首題に、『依観経等明般舟三昧行道往生讃』と示し、尾題には『般舟三昧行道往生讃』と明かしております。この不統一も、たんに具略の相違であって、その意味するところは、『観無量寿経』などの経典にもとづき、現前に阿弥陀仏を見る般舟三昧の常行道を明かし、もって浄土往生を勧める讃偈ということであります。ここで「観経等」というのは、その内容から推察しますと、『観無量寿経』のほかに、『無量寿経』『阿弥陀経』および『般舟三昧経』を指していると考えられます。またここでいう般舟三昧とは、『般舟三昧経』に説かれるところの三昧見仏の道のことで、それは諸仏現前三昧、または仏立三昧とも訳されております。そしてその行業とは、一日ないし七日をかぎり、一所に止住して戒を保持し、一心に念じることにより、ついには阿弥陀仏を見たり、また長くは三か月をかぎって、特定の行業を修習することにより、十方現在の諸仏を眼前に見ることをめざす三昧の行法のことであります。

しかしながら、善導はまた、この般舟三昧を念仏三昧に重ねて理解しておりますが、その点からすると、この書は、もっぱら称名念仏することにもとづいて、阿弥陀仏を見るという念仏三昧の成就を期し、もって浄土往生を勧信するものであるともいいうるでありましょう。この書は略して『般舟讃』とも呼んでおります。

四　善導における浄土往生の道

1　定散二善の道

善導によれば、『観無量寿経』に開説された浄土往生の道とは、その「玄義分」に、

然るに娑婆の化主はその請いに因るがゆえに、すなわち広く浄土の要門を開く、（中略）その要門とはすなわち此の観経の定散二門是れなり。定はすなわち慮を息めもって心を凝らす。散はすなわち悪を廃しもって善を修す。斯の二行を廻して往生を求願するなり。（真聖全一、四四三頁）

と説くように、定善と散善の二種の道でありました。そしてその定善とは、息慮凝心の行として、『観無量寿経』に説くところの第一日想観から第十三雑想観までの十三観の観仏の道をいい、散善とは、廃悪修善の行として、『観無量寿経』に説く三福九品の道を意味

するものでありました。

そしてその定善観仏の道とは、具体的には十三観にわたる観仏三昧の道ですが、それは仏像や浄土変相図という具体的、象徴的な図像にもとづき、身を正し心を定めて、仏の色身、相好および浄土の荘厳相を、心中に観想することによってうるところの、三昧見仏を意味します。ところで善導は、その「玄義分」に『観無量寿経』の宗を明かすについて、

今この観経はすなわち観仏三昧をもって宗となし、また念仏三昧をもって宗となす。

（真聖全一、四四六頁）

と語っていますが、すでに上において見たように、この『観無量寿経』を註解した道綽の『安楽集』においては、観仏三昧と念仏三昧はまったく同義語であって、心眼を開いて見仏するところの三昧の境地について、あるいは念仏三昧といい、あるいは観仏三昧と明かしているわけであります。そして善導においても、そのことについては同様であって、善導における念仏三昧とは、『観念法門』によりますと、「一心に観想して心念口称念念に絶えざる」（真聖全一、六二四～六三五頁）ことによって成立してくるところの、三昧見仏の境地を意味するものと理解していたことが知られます。かくして善導においては、基本的には、観仏三昧とは仏の色身、相好を心中に観想することでありますが、念仏三昧もまた仏の名号を称し仏の色身を念想することであって、ともに三昧と称せられるところ、その行

業にもとづいて、定心見仏の境地をひらいていくことを、意味するものであったといいうるわけであります。

次に散善の道とは、散善とは、「玄義分」に「三福九品を名づけて散善となす」（真聖全一、四四七頁）と明かすように、具体的には三福九品をさします。その三福九品とは、「散善義」によれば、三福とは仁義礼智信などの世俗善と、小乗持戒などの戒善、大乗自利利他具足する行善の三種の善根をいい、九品とはその善根修習の根機について区分したものであります。ただし下品の三品は三福の善根を語らず、ただ念仏して往生をうることが明かされております。そして善導は、すでに上にも見たように、定善観仏の道は韋提希夫人の請いによって開説された行道であるのに対して、この散善修習の道はひとえに釈迦の自説による行道であるといいます。その点、善導においては、この定散二善の道の中、定善観仏の道よりも散善修習の道に、行道としてのより高い価値を見ていることが知られるのであって、それは善導における行道思想としては充分に注意されるべきところでありましょう。

2　称名念仏の道

ところで、善導はその浄土往生の行道について、かかる定散二善の道に対して、さらに

いまひとつ、称名念仏の道を明かしております。すなわち、善導はその『観無量寿経疏』を結ぶにあたって、

上来定散両門の益を説くと雖も、仏の本願の意に望むれば、衆生をして一向に専ら弥陀仏の名を称せしむるに在り。（「散善義」真聖全一、五五八頁）

と説いて、浄土教の本意からすれば、定散二善の道もついには廃されるべきであって、称名念仏の道こそがまさしき行道であると主張しております。そのことは、すでに上において見たように、曇鸞、道綽の浄土教思想を継承し、発展せしめていくことの中で成立してきた行道の明確化によるものでありますが、それはより本質的には、この称名念仏の道が、ひとえに阿弥陀仏の本願に順ずる行道であると領解するところ、もっとも易しくして、もっとも勝れた行道としての意味をもつものと、捉えたところにもとづく主張でもあったわけであります。かくして善導における行道理解の本意が、この称名念仏の道にあったことはまことに明瞭であります。

そして善導は、この称名念仏の道について、より具体的には、『往生礼讃』に「安心、起行、作業」（真聖全一、六四八頁）の道として示しておりますが、このような行道の構造は、善導浄土教における独創でもあって注意されるべきところであります。

そこでその安心とは、行道成立の基礎として、行業を実践するための心構えのことで、

『観無量寿経』に説くところの至誠心、深心、廻向発願心の三心をいい、その内容については、すでに上において見たところです。そして善導は、この三心を具足し、この三心にもとづいてこそ、浄土の行はまさしき行業となるというわけです。またすでに上に見たように、この三心は帰するところは、廻向発願心、すなわち、清浄願往生心にほかならないと主張いたします。

次の起行とは、浄土往生をめざす身口意の三業にわたる行業の実践を意味しますが、善導はそれについて、「散善義」に「読誦、観察、礼拝、称名、讃歎供養」（真聖全一、五三七頁）の五正行を明かしております。この五種の正行こそが、まさしく浄土往生の行業であって、それ以外の行業はことごとく雑行であり、浄土の行業とはならないというわけです。これは天親の『浄土論』の五念門行の思想を継承し、その展開として語られたものであることは明らかですが、善導が新しく創設したところの、浄土往生の実践行であります。そしてまた、善導はこの五正行について、

此の正の中に就いてまた二種あり。一には一心に専ら弥陀の名号を念じて行住坐臥時節の久近を問わず、念念に捨てざるものは是れを正定の業と名づく、彼の仏願に順ずるがゆえに。若し礼誦等に依らばすなわち名づけて助業となす。（「散善義」真聖全一、五三七〜五三八頁）

と明かしております。この五正行をさらに助業と正業とに区分して、称名行こそが、まさしく本願に順ずる正定業であって、そのほかの読誦、観察、礼拝、讃歎供養の行は、その称名行を助成せしめるための行業にすぎないというわけです。このような善導浄土教における称名中心の行業の選定は、インド、中国と伝統されてきたところの称名思想、ことには道綽の浄土教思想を継承したものでありますが、また善導自身による『観無量寿経』についての透徹した領解と、『無量寿経』の本願文に対する主体的な解釈にもとづくものでありました。そしてこのような善導における称名中心の浄土教思想は、基本的には在家成仏道としての浄土教の本質化、徹底化ということを意味するものであり、それはまた後世、ことに法然、親鸞に継承されていった日本浄土教の性格を方向づけたものとして、充分に評価され注目されるべきでありましょう。

次の作業とは、上に述べた起行を実践するについての方規を示すものであって、善導はそれについて、『往生礼讃』に「恭敬修、無余修、無間修、長時修」（真聖全一、六五〇頁）の四種を語っております。この四修の原形は、天親の『阿毘達磨倶舎論』巻第二七（大正二九、一四一頁）などに見られるものですが、いまはそれを転用しているわけです。その恭敬修とは、阿弥陀仏とその聖聚たちを敬虔に恭敬礼拝することであり、無余修とは、三業における行業が他の行をまじえないで専一であることを示すものであり、無間修とは、それらの行業が不断に相続されることをいい、長時修とは、上の三種の方規がいずれも生涯を貫いて精進策励されることを意味します。浄土往生の行業として安心、起行、すなわち、三心、五正行の実践は、すべからくこの四修の方規にしたがって修習せよというわけです。そして善導においては、その四修は、帰するところは、無余修としての専修が中心をなすものであったとうかがわれます。

かくして善導浄土教における行道とは、安心、起行、作業の道として、三心と五正行と四修の道であり、それはさらにいえば、三心の帰一するところの廻向発願心にもとづき、五正行の中核としての称名念仏行を、四修の集約としての無余修として、一向に専修する道であったわけであります。そしてこのような行道は、またさらには、

三心すでに具すれば行として成ぜざる無し。願行すでに成じて若し生まれざれば、このことわりあること無し。（「散善義」真聖全一、五四一頁）

と明かすように、廻向発願心と称名念仏行の道、すなわち、願と行の具足成就する道ともいいうるわけで、善導浄土教とは、さらにはまたついには、称名念仏一行に帰するものであったといいうるところであります。

そして善導は、このような願行具足なる称名念仏の行道を修習策励していくならば、やがて心眼をひらいて三昧発得して、見仏することができるというのです。

すなわち、これ念仏の行人、心口に称念してさらに雑想なく、念念に心を住して声声に相続すれば、心眼すなわち開けて彼の仏の了然として現ずるをみることをうる。すなわち、名づけて定となす。また三昧と名づく。（『観念法門』真聖全一、六三五頁）

と明かすものがそれであります。その点、善導は、このような称名念仏行の行道を、また口称三昧、念仏三昧の道としても捉えているわけであります。

そしてまた善導は、称名念仏については、

もし阿弥陀仏を称すること一声するに、すなわちよく八十億劫の生死の重罪を除滅す。（『往生礼讃』真聖全一、六八二頁）

日別に弥陀仏を念ずること一万して命の畢るまで相続せば、すなわち、弥陀の加念を蒙りて罪障を除くことをうる。また仏と聖衆とつねに来りて護念したまうを蒙る。すでに護念を蒙れば、すなわち延年転寿長命安楽なるをえん。（『観念法門』真聖全一、六三〇頁）

阿弥陀仏を称念して浄土に生ぜんと願ずるものは、現生にすなわち延年転寿し九横の難に遭わず。（『観念法門』真聖全一、六二六頁）

などと明かしており、称名念仏を専修実践していくならば、多劫にわたって償うべき生死の重罪がただちに除滅され、さらにはまたこの称名念仏の功徳によって、延年転寿、除災招福の現世の福益が与えられると語っております。このような称名念仏の功徳による現世利益を説くことは、すでに上に見たように、曇鸞、道綽の浄土教において指摘されるところであって、このことは中国浄土教が、多分に民俗信仰と重層しながら受容されていったことを物語るものであり、善導における浄土教思想の性格としても、充分に注意されるべき点でありましょう。

かくして善導浄土教における行道とは、基本的には、すでに見たように、安心（三心）起行（五正行）作業（四修）の実践によって、ついには三昧見仏をえ、さらにはまた滅罪招福をえて、死後に浄土往生をとげるという道であって、それは帰結するところは、念仏三昧なる称名念仏専修の道にほかならなかったのであります。そのことは、善導が、つねにきびしく自己自身の生活を律し、日々称名念仏の浄業を修習したといい、また善導自ら三昧発得をえて見仏体験をもっていることからしても、充分に証明されるところでありましょう。

五　親鸞における領解

親鸞は、この善導の教学から多くのことを学んでいますが、それは超越の側の問題よりも、ことには行道の思想をめぐってのことであるといいうるでしょう。すなわち、善導は、その「散善義」において、深心をめぐって明かすのに、就人立信と就行立信ということを語ります。浄土の仏道に帰入するについては、何よりもそれを説くところの人格について信認（就人立信）し、またその修めるべき行業について信認（就行立信）すべきことを明かします。

はじめの就人立信とは、いかなる人間、聖者、化仏、報仏が現れて、釈尊が教説したところの念仏往生の道は、まったくの虚言であって、それを信ずべきではないというとも、決して孤疑逡巡することなく、釈尊の教法をただいちずに信認することをいいます。そしてまた、その就行立信とは、仏道を歩むについては、正しい行業（正行）とあやまった行業（雑行）とがありますが、そのあやまった雑行を捨てて、まことの正行を選びとるべきであり、さらにはまた、その正行の中にも、その本義としての行業（正業）と、それを助成するための行業（助業）、すなわち、正定業と助業がありますが、その正定業なる称名念仏の行こそが、阿弥陀仏の本願に順じるところのまさしき行業であると思いとり、その称名行をこそ、いちずに選んで実践すべきであるといいます。

そして親鸞は、これらの文を「信文類」（真聖全二、五三～五四頁）および『愚禿鈔』（真聖全二、四七一～四七三頁）に引用して、浄土の行道を学んで修めるについては、何よりもその人格と教法に対する確固とした信認と、その行業に対する明確な選びの態度を確立すべきことを明かしております。親鸞における行道とは、まさしくそのような就人立信と就行立信、その先師に対する深い帰依、随順と、その行業に対する強い確信、領解にもとづくものでありました。すなわち、その就人立信については、

念仏は、まことに浄土にむまるるたねにてやはんべらん。また地獄におつべき業にてやはんべるらん。惣じてもて存知せざるなり。たとい法然上人にすかされまひらせて、念仏して地獄におちたりとも、さらに後悔すべからずさふらう。（『歎異抄』真聖全二、七七四頁）

などと明かすところであって、親鸞における仏法に対する領解が、ひとえに先師、法然の人格に対する深い信順、帰依によるものであったことがうかがわれます。

そしてまた、その就行立信については、

煩悩具足の凡夫、火宅無常の世界は、よろづのことみなもて、そらごとたわごと、まことあることなきに、ただ念仏のみぞまことにておはします。（『歎異抄』真聖全二、七九二〜七九三頁）

などと表白するところであって、親鸞における仏道とは、ひとえに阿弥陀仏の名号を称念しつつ、そのことを生涯かけて、日日に実践していくことでありました。

ところでいまひとつ、親鸞が善導から深く学んでいるものは、その「散善義」の中で説かれたところの、深心の釈における二種深信の思想でありましょう。親鸞は、その「信文類」に、この「散善義」の二種深信の文（真聖全一、五三四頁）と、『往生礼讃』の二種深信の文（真聖全一、六四九頁）を引用しております。このような二種深信の思想は、すでに別に論考したように、その源流は、曇鸞の『往生論註』（真聖全一、三一四頁）が語るところの二知の思想にあり、阿弥陀仏とは、実相身であり為物身であるという領解にもとづくものでありました。すなわち、阿弥陀仏が実相身であるとは、その対極としての私自身の存在とは、どこまでも虚妄不実であること（機の深信）を意味し、また阿弥陀仏が為物身であるとは、私自身の存在はまた同時に、いま現に如来の生命とともに存在していること（法の深信）を意味します。かくして、そういう二知、信知の思想が、道綽の『安楽集』を経過して、善導に継承されていることがうかがわれるところであります。すなわち、そのことについては、『安楽集』がその『往生論註』の二知三信の文を引用するについて、その結びに、

　この三心を具して、もし生れずば、このことわりあることなし。（真聖全一、四〇五頁）

と明かし、また善導が、その「散善義」において、『観無量寿経』の三心を解釈する結びについて、同じように、

三心すでに具すれば、願行すでに成じて、もし生れずば、このことわりのあることなしとなり。（真聖全一、五四一頁）

と説くところに明瞭でありましょう。そして善導は、この二種深信の機の深信について、

自身は現にこれ罪悪生死の凡夫、曠劫よりこのかた常に没し常に流転して出離の縁あることなし。（「散善義」真聖全一、五三四頁）

と表白し、また、

自身はこれ煩悩を具足せる凡夫、善根薄少にして三界に流転して火宅をいでず。（『往生礼讃』真聖全一、六四九頁）

と明かすように、自身は罪業深信にして「出縁の縁」がないといい、また「火宅」をでることができないと告白します。善導がいかに厳しく自己の現実存在の実相について、自省し自覚していたかがうかがわれるところであります。親鸞が、

いづれの行もおよびがたき身なれば、とても地獄は一定すみかぞかし。（『歎異抄』真聖全二、七七四頁）

と表白したものは、まさしくこのような、善導における機の深信の流れを継承したものであり、また、

他方をたのみたてまつる悪人、もとも往生の正因なり。（『歎異抄』真聖全二、七七五頁）

という悪人正因の教言も、そのような親鸞自身の徹底したところの、真実信心の内実、その法の深信にもとづいてこそ、表白したものといえましょう。いずれにしても、親鸞における人間理解は、善導における人間観、その虚妄性、罪悪性に対する、透徹した内観、自覚を継承したものであるといいえましょう。

第七章　源信『往生要集』

一　源信の生涯とその撰述

1　源信の生涯

源信は、平安時代の中ごろ、天慶五（九四二）年に、奈良県北葛城郡の当麻《たいま》の郷に生まれました。父は占部《うらべ》正親《まさちか》、母は清原氏の女と伝えます。一男四女の子どもの中の男子でありました。多くの伝記が伝えるところでは、父はまったく仏法に関心がありませんでしたが、母はことに道心が厚くて仏法に帰依し、その姉妹もまた信心深かったといいます。その近くには白鳳時代の創建という当麻《たいま》寺《でら》もあって、仏教的な環境もよくととのっていたようです。そこで縁あって少年時代に出家して、比叡山横川《よがわ》の良源（九一二〜九八五）の弟子となったと伝えております。その出家の理由については、いろいろと語られており明確ではありません。そののちには、主として横川の首楞厳院や恵心院などに住して、もっぱら天台教学を学び、また諸種の天台の行業を修めました。源信が十五歳のときに、選ばれて宮中における講師を勤めて、その褒賞の布地を故郷の母に届けたところ、母の厳しい叱正をうけ、それを縁に遁棲したという話は有名であり、多くの伝記がこぞって伝えていますが、いまひとつ明確ではありません。たとえそのことが事実であったとしても、十五歳で宮中での講師を勤めたとは常識的には考えられず、そのことはもっと後年のことであったろうと思われます。源信の学識が非凡であったことを強調するために、そういうことが語られるようになったわけでありましょう。

そののち、天延元（九七三）年、三十二歳にして、学問的問答によって自己の見解を呈示し、その正否について判定をうける広学竪義《こうがくりゅうぎ》の竪者《りっしゃ》に選ばれて、その学才が広く認められることとなり、そのころには、また宮中の仏堂に奉仕する内供《ないぐ》をも勤めたといわれます。そして三十七歳の年には、その広学竪義の用意のために、『因明論疏四相違略註釈』三巻を著わしました。このころになると、源信は仏教学者としても、またさまざまな天台宗の儀式執行者としても、華やかに活動したようで、比叡山天台宗においては不動の地位を築いたものと思われます。そして永観二（九八四）年、四十三歳にして『往生要集』の執筆をはじめ、その翌年の春に三巻を完成させました。そのころに、恩師の良源が入寂し、また母とも死別したと思われます。かくして、このころより隠遁の生活をはじめて、いっそう浄土願生の思念を深めていったものと思われます。

そして寛和二（九八六）年、四十五歳の五月には『二十五三昧式』を著わし、それにもとづいて禅満大徳ら二十五名が発起人となり、花山法皇らも加えて根本結衆を組織し、臨終正念往生をめざして、毎月十五日の夕、夜を徹して念仏三昧を修習するという、二十五三昧会と呼ばれる念仏結社の集会をもつこととなりました。そしてさらにその念仏結社の盟約として、慶滋保胤《よししげやすたね》が草し源信が書いたといわれる、『横川首楞厳院二十五三昧起請』なるものも著わされました。その結縁結衆の名簿である『首楞厳院二十五三昧根本結縁衆過去帳』によりますと、そこには僧俗あわせて数多くの名前が記されており、当時の念仏信仰、その実践状況が、いかに真摯なものであったかがよくうかがわれるところです。そして永延元（九八七）年、四十六歳にして九州地方に旅し、たまたま宋の国の商人朱仁聡と僧侶の斉隠に面会して、『往生要集』を贈りましたが、そののちにこの『往生要集』は、中国の仏教界において高く評価されることとなり、正暦元（九九〇）年、四十九歳のとき、宋の周文徳が来朝して、この『往生要集』が天台山国清寺に収められ、それを記念して多くの人々が浄財を投じて廊屋を造り、その柱壁を彩色荘厳したことを伝えました。そのことは『往生要集』の跋文に記録されております。そしてまた、時の皇帝が廟堂を建立して源信の影像と『往生要集』を安置し、円通大師の大師号を諡って礼拝したとも伝えております。この『往生要集』が、当時の中国の仏教界に、大きな影響をもたらしたことがうかがわれます。

そしてそののち、寛弘元（一〇〇四）年、六十三歳にして権少僧都に任じられましたが、その翌年にはその職を辞して、いっそう隠遁生活に徹し、もっぱら念仏三昧を修めるようになりました。そしてその翌年、六十四歳のときには、その首楞厳院の東南に華台院を建立し、丈六の阿弥陀仏像を安置して、多くの人々とともに称名念仏を修めることとなりました。そのころ、七十歳を過ぎてから病気にかかって起居が不自由となりましたが、そののちには老衰もすすんで、ついに寛仁元（一〇一七）年の六月十日に、阿弥陀仏像の左手から垂した紐をもって念仏しつつ没したといいます。七十六歳の生涯でした。

2　源信の撰述

源信の撰述については、今日に編集されている『恵心僧都全集』によりますと、合計して八十一部百十二巻が収められていますが、その主なるものは次のとおりです。

仏教全体にかかわるものとしては、

『因明論疏四相違略註釈』三巻

『大乗対倶舎抄』十四巻
天台教学にかかわるものとしては、
『一乗要決』三巻
『天台宗疑問』一巻
『観心略要集』一巻
『六即詮要記』二巻
浄土教にかかわるものとしては、
『往生要集』三巻
『阿弥陀経略記』一巻
その他としては、
『出家授戒作法』一巻
『二十五菩薩和讃』
などがあります。

二　『往生要集』の梗概

1　『往生要集』の組織

源信の浄土教思想をもっとも明確に示すものは、『往生要集』三巻です。その内容は、阿弥陀仏の浄土に往生するための肝要な文章を集めたもので、その引用の典籍は百六十余部、そこに引用された経論釈の文献は九百五十余文におよぶもので、源信における浄土教理解が、いかに広汎なものであったかがよく知られるところです。そしてその三巻の組織は、十門、十章から成っております。そこで以下その組織、内容についておよその解説をいたします。

『往生要集』
第一章　厭離穢土門
第二章　欣求浄土門
第三章　極楽証拠門

第四章　正修念仏門
第五章　助念方法門
第六章　別時念仏門
第七章　念仏利益門
第八章　念仏証拠門
第九章　往生諸業門
第十章　問答料簡門

第一章　厭離穢土門
ここでは迷界の六道について詳細に解説し、速かにこの穢土を厭い離れるべきことを教示します。

一、地獄の世界
その六道の中の最下底、最苦悩なる地獄には、次のような八種の世界があるといいます。
一、等活地獄　二、黒縄地獄　三、衆合地獄　四、叫喚地獄　五、大叫喚地獄　六、焦熱地獄　七、大焦熱地獄　八、無間地獄

以上の八大地獄はいずれも灼熱の地獄で、それについては後に解説しますが、それに対して八種の極寒の地獄もあるといいます。

二、餓鬼の世界

地獄の世界に対して、それよりやや苦悩の少ない境界として餓鬼の世界があります。この世界にはさまざまな餓鬼が存在し、それには鑊身、食吐、食気、食法、食水、悕望、海渚、食火屍、樹中住などと名づけられる餓鬼がいると明かします。貪欲にして嫉妬のものが堕ちる世界です。

三、畜生の世界

餓鬼の世界よりもいささか苦悩の少ない境界で、人間にかかわって生存する畜生の世界があります。『要集』によるとそれに三十四億の種類があるといい、大別して禽類、獣類、虫類に分かれるといいます。この畜生が、さまざまな苦悩にさらされ、無惨な死を迎えることは見聞するところです。愚痴にして無慚、いたずらに信施をうけて他に与えなかったものが堕ちる世界です。

四、阿修羅の世界

畜生の世界と人間の世界の中間に阿修羅（asura）の世界があります。阿修羅とは、須弥山の北の海底に住むものと、四大州の山岳地帯の岩石の間に住むものがいますが、いつも天地自然の動きに危険と恐怖をおぼえ、日々憂苦に責められながら生きているといいます。

五、人間の世界

私たち人間の世界には、概略して三種の様相があるといいます。第一は、不浄の相です。人間はいかに表面を装うとも、身心は不浄を内包しているわけで、美しく彩色した瓶に汚物を盛っているにすぎないといいます。また第二には、苦悩の相です。それは内なる身体にかかわる苦しみと、外なる社会にかかわる悩みです。そして第三には、無常の相です。人間の生命は、明日の日も予測できません。すべてが死への存在でしかありません。これが人間の現実です。

六、天道の世界

人間界の上にあるという天道には、三種があるといいます。欲界、色界、無色界です。その欲界とは、人間を超えながらも、なおも欲望にとらわれている存在で、四天王、三十三天などをいい、色界とは、欲望はもたないけれども、なお物質の世界にとどまっている天道をいい、無色界とは、欲望と物質を離脱して、三昧、禅定の境地に住む天人をいいます。しかし『往生要集』は、そういう天道の世界にも、苦悩があり、臨終があって、無色界の最高なる非想非非想天のものでも、無間地獄に堕ちることがあると説いています。

七、総結厭相

私たちの住むこの迷界の六道について総括するならば、この六道、迷界は、苦悩の連続であり、ついには滅亡していく生命であります。かくしてこの現実の実相をよくよく凝視徹見して、急いで仏法を求め学んで、真実解脱の道を願うべきだと明かします。

第二章　欣求浄土門

阿弥陀仏の浄土に往生しようと願い求めるについては、その浄土の功徳、利益を知るべきであり、それについては十種の楽しみを挙げます。

一、聖衆来迎の楽しみ

浄土に往生するについては、阿弥陀仏が菩薩たちとともに迎えに来られます。

二、蓮華初開の楽しみ

浄土に往生するについては、浄土の蓮華がはじめて開く時、その蓮華の中に生まれます。

三、身相神通の楽しみ

浄土に往生すると、すぐれた相好をそなえ、神通力をうることとなります。

四、五妙境界の楽しみ

浄土に往生すると、色、声、香、味、觸の五種の境界の楽しみをうけます。

五、快楽無退の楽しみ

浄土に往生すると、尽きることのない喜びと楽しみをうけることとなります。

六、引接結縁の楽しみ

浄土に往生すると、かつての因縁のある人々を、思いのままに浄土に招き入れることができます。

七、聖衆倶会の楽しみ

浄土に往生すると、浄土の菩薩たちと自由に交友することができます。

八、見仏聞法の楽しみ

浄土に往生すると、阿弥陀仏と出遇って、その尊い教えを聞くことができます。

九、随心供仏の楽しみ

浄土に往生すると、心のままに阿弥陀仏や諸仏を供養することができます。

十、増進仏道の楽しみ

浄土に往生すると、仏道を学んで、いっそう仏の「さとり」にすすめます。

第三章　極楽証拠門

十方世界には、多くの浄土が存在するにもかかわらず、何ゆえに阿弥陀仏の西方極楽浄土への往生を示教するかについて、まず天台大師の『浄土十疑論』によってその正当性を明かし、その他の多くの経論釈によってそれを助顕します。

第四章　正修念仏門

浄土に往生する行道について、天親の『浄土論』の五念門行を継承し、その観察門を中心に明かします。それについては後に改めて解説いたします。

第五章　助念方法門

往生の行道としての念仏（観念・称名）を修めるについて、それを補助する方法について七種を明かします。それについては後に改めて解説いたします。

第六章　別時念仏門

その念仏の修習方法について、尋常念仏と臨終念仏とがあるとして、その尋常念仏については、一日ないし十日間、さらにはまた九十日間にわたる常行念仏などの念仏行をいい、臨終念仏については、その臨終のときに修めるべき念仏行をいい、それをめぐってこまやかな配慮にもとづく教示を語ります。

第七章　念仏利益門

その念仏によってもたらされる利益について、滅罪生善、冥得護持、現身見仏、当来勝利、弥陀別益、引例勧信、悪趣利益の七種に分けて明かします。

第八章　念仏証拠門

浄土に往生するためには種々の行業がありますが、称名念仏行こそが万人に普遍にして、もっとも易行なる道であるところから、この念仏を勧励するといって多くの経文を引用してそれを証明します。ことにその中において、『無量寿経』の第十八願文と『観無量寿経』にもとづいて、「極重の悪人は他の方便なし、唯仏を称念して極楽に生ずることをうる」（真聖全一、八八二頁）と明かすことは注目されます。

第九章　往生諸行門

ここでは念仏以外の行業、たとえば読誦経典、慈心不殺、受戒梵行、孝順父母などの善行によっても、よく浄土に往生をうることができると教示します。

第十章　問答料簡門

最後に、浄土往生の行道をめぐり、極楽依正、往生階位、往生多少、尋常念相、臨終念相、麁心妙果、諸行勝劣、信毀因縁、助道資縁、助道人法の十事にわたって、さまざまな疑問を呈示し、それに応答するという章をもうけて、こまやかな配慮を加えています。

以上が、『往生要集』三巻の大略ですが、その中心をなすものは、第一章の厭離穢土門と第四章の正修念仏門と第五章の助念方法門であることはいうまでもありません。

2 『往生要集』の解説

『往生要集』のおよその組織は上に見たとおりですが、その内容の解説については紙数の都合で省略せざるをえません。そこでいまは、もっとも主要と考えられる第一章厭離穢土門の中の地獄の世界と、往生の行道について明かした、第四章正修念仏門と第五章助念方法門について、いささかの解説を試みることといたします。

第一章厭離穢土門（地獄の世界）

第一等活地獄

この地獄は人間界の地下一千由旬のところにあります。等活とは、この地獄の罪人は、獄卒によって身体を打ち砕かれますが、時おり涼風が吹くと、再びもとに等しい姿に活きかえるところより等活といわれるわけで、それが限りなく繰りかえされます。その寿命は、四天王の寿命がこの地獄の一昼夜にあたり、それが五百年も続きます。ここには殺生の罪を犯したものが堕ちます。

第二黒縄地獄

等活地獄の下にあり、ここでは獄卆が罪人の身体に墨縄でしるしをつけ、それにしたがって灼熱の斧で截断するところから黒縄《すみなわ》といわれます。その寿命は忉利天の寿命がこの地獄の一昼夜にあたり、それが千年も続くといいます。ここには殺生と偸盗の罪を犯したものが堕ちます。

第三衆合地獄

黒縄地獄の下にあり、さまざまな山岳がとりかこんでいて、それが時々迫ってきて罪人を押しつぶすところから衆合といいます。ここには刀葉林の樹木の頂上に美しい女性がおり、罪人はそれを恋い求めて登りますが、登ってみるとその女性は下におり、罪人はその女性を追って刀葉の中を上下し、そのことを百千億年も繰りかえします。その寿命は夜摩天の寿命がこの地獄の一昼夜にあたり、それが二千年続くといいます。ここには殺生と偸盗と邪淫を犯したものが堕ちます。

第四叫喚地獄

衆合地獄の下にあり、そこの罪人は煮えたぎる釜に入れられ、また口には焼け溶けた銅汁を流しこまれるなどされて、泣きさけぶ叫喚の声が満ちております。その寿命は兜率天の寿命がこの地獄の一昼夜にあたり、それが四千年続くといいます。ここには殺生と偸盗と邪淫と酒に溺れたものが堕ちます。

第五大叫喚地獄

叫喚地獄の下にあり、その罪人はさまざまな苦痛にさいなまれて、上に見た地獄の十倍の苦しみをうけねばなりません。その寿命は化楽天の寿命がこの地獄の一昼夜にあたり、それが八千年続くといいます。ここには殺生と偸盗と邪淫と飲酒と妄語を弄したものが堕ちます。

第六焦熱地獄

大叫喚地獄の下にあり、その罪人は大きな鉄の串で肛門から頭に貫かれて熱火で炙られます。その火焔はとても熱くて、この火に比べれば、上の五地獄の火は雪のようなものだといいます。その寿命は他化自在天の寿命がこの地獄の一昼夜にあたり、それが一万六千年も続くといいます。ここには殺生、偸盗、邪淫、飲酒、妄語、因果の道理を否定するものが堕ちます。

第七大焦熱地獄

焦熱地獄の下にあり、その罪人は巨大な火炎の柱が群林する中に突きおとされて焼かれます。その地獄の寿命は一中劫の半分です。ここには殺生、偸盗、邪淫、飲酒、妄語、因果の道理の否定のほか、仏道を修めている女性信者を犯したものが堕ちます。

第八阿鼻地獄

この地獄は最下層の地獄で、罪人がここに堕ちるには、頭を下に足を上にして落下すること二千年にして到達するといい、もっとも恐ろしい世界で、阿鼻（avīci）とは無間を意味して、ここではその苦しみに間隙、休みがないことをあらわし、上の七種の地獄を合わせても、この地獄に比べたら千分の一にすぎないといいます。この地獄の寿命は一中劫です。ここには上にかかげた殺生などの罪のほかに、「むなしく信施を食へる者この中に堕す」（真聖全一、七四〇頁）とあります。私はかつて若い時に、この文に出遇って強烈なショックを受けたことがあり、いまも時おり思いおこします。僧侶たる者、よくよく味解すべき教言でありましょう。

第四章正修念仏門

そして次に正修念仏門とは、極楽浄土に往生する道は、ひとえに念仏を修すべきであるといい、その念仏とは何かについて明かし、またその念仏の仕方について、天親の『浄土論』に説くところの五念門行なる、礼拝門、讃歎門、作願門、観察門、廻向門をうけて明かします。そしてその五念門行の中では観察門が中心であって、その観法、観念の重要性を強調します。したがって、源信における念仏とは、その基本は観念、観想の念仏であって、称名念仏ではありません。ことにここでの観法については、別相観、総相観、雑略観の三種にわたって説明いたします。

はじめの別相観とは、まずはじめに阿弥陀仏の蓮華座について観じ、次いで頭上の肉髻を観じ、次いでその頭髪を観じ、次いでその髪の生えぎわを観じ、次いで耳を観じ、次いで額を観じ、次いで顔を観じ、次いで眉間の白毫を観じ、次いで睫《まつげ》を観じ、次いで眼を観じ、次いで鼻を観じるなど、足の裏面までの四十二相にわたって観想することを指示します。

そして次の総相観とは、阿弥陀仏の仏身を全体的に観想することをいい、その総相観においては、その観法をとおして、阿弥陀仏と私とが「一体無碍」（真聖全一、八〇八頁）になっていくことをめざすものであって、それは天台宗における観法に連なるものにほかなりません。

そして次の雑略観とは、そのような高級な観法にたええないもののための観法であって、それは阿弥陀仏の眉間に生えている白毫を観ずることですが、源信は、その白毫より発するところの光明について、

彼の一々の光明は、あまねく十方世界を照らし、念仏の衆生をば摂取して捨てたまわず。我また彼の摂取の中にあれども、煩悩眼を障えて見たてまつるにあたわずといえども、大悲は倦きことなくして常に我が身を照らしたもう。（真聖全一、八〇九頁）

と語っております。そしてまた、そのような観法ができないものについては、

若し相好を観念するに堪えざるものあらば、あるいは帰命の想により、あるいは引摂の想により、あるいは往生の想によって、まさに一心に称念すべし。（中略）行住坐臥、語黙作作に、つねにこの念をもって胸の中におくこと、飢えて食を念うがごとく、渇して水を追うがごとくせよ。あるいは頭をたれあるいは手をあげ、あるいは声をあげ、名を称え、外儀は異なりといえども心念はつねに存せよ。念々に相続して寤寐《ごび》に忘るることなかれ。（真聖全一、八〇九頁）

と明かして、ひとえに称名念仏せよといいます。かくして源信は、その浄土往生の行道においては、念仏の道として、基本的には観念、観仏の道を主張するわけですが、その観法についても、その別相、総相を観ずるところの高級なものから、白毫観という低級な観法も語りつつ、さらにそのような観法をすすめることの困難なものに対しては、ひとえに称名念仏の道を実践せよと明かしているわけです。

第五章助念方法門

そして次に、上において明かしたところの念仏（観念・称名）を修習する方策をめぐり、それを補助するための手段、方規について、七種の方法を明かします。その七種とは、第一に方処供具をめぐっては、静かな場所を選び、相応の供物を用意せよといいます。第二には修行の相状については、四修（長時修・慇重修・無間修・無余修）を用いよと明かします。第三には対治懈怠について注意し、第四には止悪修善の道心を堅固ならしめ、第五には懺悔衆罪として、もしも煩悩にまどわされて罪を犯かした場合にはただちに懺悔すべしといいます。第六には対治魔事としては、修道をさまたげる魔事を対治する方法を明かします。そして最後の第七総結要行においては、以上の方策をまとめて、「往生の要」としては、菩提心、護三業、常念仏の三種が肝要であるといい、そしてさらにその常念仏を修めるについては、深信、至誠、常念の心にもとづくことが、もっとも大切であると説示しております。

以上で『往生要集』のもっとも肝要な部分について、いささかの解説をいたしました。

三　『阿弥陀経略記』の解説

源信における浄土教に関係する撰述に、いまひとつ『阿弥陀経略記』一巻というものがあります。これはその序文にあるように、武士を廃して浄土門に帰依した親衛藤将軍に依頼されて、七十三歳、死の三年前に著わしたものですが、ここには『阿弥陀経』の要義の聞名不退の仏道が、まことに的確に明示されております。すなわち、

経に舎利いわくより諸仏所説に至るまでは、第三に現当の益を示し勧信を助成す。諸仏同じく説く。すでに深く信受す。いかにいわんや聞信等に巨益のあるをや。あるいはこの文はただ前文を結成す。かならずしも別門となすべからざるなり。文は二となして、初めに利益を示して信受を勧進し、次に利益を示して願生を勧進す。これ即ち初なり。

此れにまた二あり。初は利益、次いで勧進す。利益というは仏名および経名を聞くも

のは三益あり。一には現に諸仏のために護らる。二には現に不退転をうる。三にはまさに大菩提をうるべし。次に勧進とは、これに傍正あり。正しくは弥陀および経を信受することを勧む。傍にはまた通じて我が語を信ずるゆえに、まさに諸仏の名を信ずべし。諸仏の説を信ずるゆえに、まさに我が名を信ずべし。（我が名を信ずとは下に至って知るべし）ただ名を聞くものはすでに巨益あり。まさに知るべし。（恵心全集一、四二四～四二五頁）

というように、阿弥陀仏の仏名と『阿弥陀経』の経名を聞くものは、三種の利益として、第一に諸仏に護念せられ、第二にこの現生において不退転地の益をえ、第三にはついには仏果、菩提をうることができると明かしております。

かくして、源信における仏道には、阿弥陀仏にかかわっていうならば、その仏身を観想するという観仏の道と、そのことが困難なものはその阿弥陀仏の名号を称唱する称名の道と、さらにはその阿弥陀仏の仏名を聞くという、聞名の道が語られているわけであります。この『阿弥陀経略記』については、すでに『真宗求道学――真宗学シリーズ5』において、詳しく論考しましたように、若き日の親鸞が、比叡山での修学時代に親しく読んだであろうと考えられ、親鸞が比叡山から下りて法然の門下に入室したのは、ひとえにこの『阿弥陀経略記』が教示するところの在家仏教、誰でもが仏に救われていく道としての聞名不退の道について改めて検証し、それを自証するためではなかったかと思うことであります。

　そのことは、親鸞がその生涯をかけて領解したところの浄土の仏法を、見事に集約し、体系化することによって成立したところの『教行証文類』の構造、その教説を見ればきわめて明瞭であります。すなわち、親鸞はその「行文類」において、真宗の行道が、ひとえに称名行であると主張しながら、その称名とは、阿弥陀仏の私に対する告名（なのり）の声であり、また招喚（まねき）の声であるといい、それはひとえに私にとって聞かれるべきものであること、すなわち、その称名とは聞名であるべきだと明かします。そして次いでその「信文類」においては、その聞名が、まさしく阿弥陀仏の私に対する告命と招喚、「なのり」の声、「まねき」の声と確かに聞受された時、その聞名体験を真実信心というと主張いたします。かくして真宗における仏道とは、そういう称名・聞名・信心の構造をもつものだといいうるわけであります。そのことについての詳細は、次の『教行証文類――真宗学シリーズ8』において、詳細に解説いたしましょう。

四　源信における浄土往生の道

1　観想念仏の道

源信における仏道についての基本的な立場は、いうまでもなく天台教学としての三諦円融、一心三観なる根本原理を中核とする止観実践の行道であります。しかし、いまここでは、『往生要集』を中心とするところの、浄土往生の行道について見ることといたします。源信における浄土の行道思想については、ことにその第四章の正修念仏門、第五章の助念方法門において明瞭です。

そこでその第四章正修念仏門では、まことの念仏行を修習する方法について、天親の『浄土論』に説くところの五念門行をうけて明かします。それは礼拝門、讃歎門、作願門、観察門、廻向門の五種の行ですが、それについては、ことに第三の作願門と第四の観察門が中心です。

その作願門においては、浄土願生の心念を決定するための菩提心の重要性が明かされます。すなわち、その菩提心とは、願作仏心と度衆生心、上求菩提と下化衆生なる自利利他

の心のことで、その菩提心については、

およそ浄土に往生せんとおもわば、かならず発菩提心をもちいるを源とす。（真聖全一、七八二頁）

まさに知るべし、菩提心はこれ浄土菩提の綱要なり。（真聖全一、七八二頁）

と明かします。

そして次の第四観察門とは、天台教学における止観の行に重層します。天台教学における観法については、仏や浄土などの具体的な事相を観念し、観想するという事観と、その背後にあるところの空、無我などの哲理、真理そのものを、ただちに観じていくという理観とがありますが、ここでいう観察とは、その事観としての阿弥陀仏の色相について観ずることをいいます。そしてこの『往生要集』では、その観法についてさらに詳しく、別相観、総相観、雑略観があるといい、その別相観とは、まず阿弥陀仏の華座を観じ、次いで阿弥陀仏の相好について、頭上の肉髻から耳、額などの四十二相にわたる別相について観想せよといい、それを順逆に反復しつつ実践せよといいます。そして次の総相観では、そのようなさまざまなる阿弥陀仏の相好を統摂して、三身即一なる阿弥陀仏を観想することを明かすわけで、ここでは、

一々の相好はすなわちこれ実相なり。実相は法界なれば具足して減ずることなし。生

ぜず滅せず去来もなし。一ならず異ならず断常にもあらず。有為無為のもろもろの功徳はこの法身によってつねに清浄なり。（真聖全一、八〇八頁）

という阿弥陀仏を観ずるわけで、それは事観を超えたところの理観について明かしたものといえましょう。かくしてここでは、

我が所有の三悪道と弥陀仏の万徳とは、本来空寂にして一体無碍なり。（真聖全一、八〇八頁）

というように、迷妄の私と真実の阿弥陀仏とは、本来において無碍一体であるという、生仏一如の知見を成じるところに、その観想、観念の完成があるというわけです。

以上は、阿弥陀仏を対象とするところの別相観と総相観を、事観と理観について明かしたものですが、源信はさらに、その正修念仏の内容について、雑略観を明かします。すなわち、ここでは上に明かしたところの高級な観想、観仏の道に対して、そのような仏道を修めえないもののために、さらに簡単なる観法として、阿弥陀仏の眉間の白毫より発するところの光明に焦点を絞って、それについて観想せよというのです。そして源信は、ここではその阿弥陀仏の光明を解説して、

彼の一一の光明は、遍く十方世界を照らし、念仏の衆生をば摂取して捨てたまわず、我また彼の摂取の中にあれども、煩悩眼を障えて見たてまつるにあたわずといえども、

大悲倦きことなくして常に我が身を照らしたもう。（真聖全一、八〇九頁）

と明かします。そしてさらにまた、自分がすでに浄土に往生して、蓮華の上に坐して、いま現に阿弥陀仏の尊顔を瞻仰し、その光明が自分の全身を照らしているという思いを抱けと語ります。

そしてまた、もしもそのような「相好を観念するに堪えざるもの」があるならば、

若し相好を観念するに堪えざるものあらば、あるいは帰命の想により、あるいは引摂の想により、あるいは往生の想によって、まさに一心に称念すべし。（中略）行住坐臥、語黙作作に、つねにこの念をもって胸の中におくこと、飢えて食を念うがごとく、渇して水を追うがごとくせよ。あるいは頭をたれあるいは手をあげ、あるいは声をあげ名を称え、外儀は異なりといえども心念は常に存せよ。念念に相続して寤寐《ごび》に忘ることなかれ。（真聖全一、八〇九頁）

と明かし、もっぱら称名念仏せよと語ります。そしてそのことについては、

観経に言わく、極重悪人は他の方便なし、唯仏を称念して極楽に生ずることをうると。（真聖全一、八八二頁）

と説き、またその『観心略要集』によりますと、

末代の行者は理観に堪えず、妄染転じ難し、即生の中にその行いずくんぞ成ぜん。

（中略）しかじ、ただ弥陀の名号を唱えて聖聚の来迎を待たんには。（恵心全集一、三二三〜三二四頁）

と明かすところです。

ここでは観想にたえないものは称名せよといいますが、とすれば、源信においては、この観想と称名、観念と称念との関係はどのように考えられていたのでしょうか。それについて源信は、

二に名号の功徳とは維摩経にいうが如し。諸仏の色身の威相種性、戒定智慧、解脱知見、力無所畏、不共之法、大慈大悲、威儀所行及び其の寿命、説法教化、成就衆生、浄仏国土、諸の仏法を具す。悉く皆同等なり。是の故に名づけて三藐三仏陀となし、名づけて多陀阿伽度となし、名づけて仏陀となす。阿難若し我れ広く此の三句の義を説かば、汝劫の寿をもってすとも尽く受くることあたわざらん。たとい三千大世界の中に満つる衆生をして、皆阿難の如く多聞第一にして惣持をえしむとも、此の諸の人等、劫の寿をもってせんも、また受くることあたわず。（『往生要集』真聖全一、八一八頁）

と説いて、仏の名号は、その色身が宿すところのあらゆる仏法をことごとく具足して、その功徳は無量であると明かします。そしてそのことについては、『観心略要集』にも同じ

ような理解が見られて、そこでは、

問ふ。理観を修せず、ただ一仏の名号を称する人、往生をうるやいなや、いかん。

答ふ。また往生をうべきなり。かの繫念定生の願に、いまだ理観を修せよといはず。

聖衆来迎の誓は、ただこれ至心の称名なり。夫れ名号の功徳莫大なるをもってのゆえなり。所以は空仮中の三諦、法報応の三身、仏法僧の三宝、三徳、三般若、此の如きらの一切の法門、悉く阿弥陀の三字に摂す。ゆえにその名号を唱ればすなわち八万の法蔵を誦し、三世の仏身を持つなり。纔《わずか》に弥陀仏を称念するに冥に此の諸の功徳を備ること、猶し丸香の一分を焼けば衆香悉く熏じ、大海の一滞に浴すれば衆河の水を用いるが如きのみ。（恵心全集一、三三〇頁）

と明かして、阿弥陀の三字の中に、三諦、三身、三宝、三徳、三般若などの一切の法門、功徳を摂めているところ、この名号を称唱すれば、その功徳のすべてをことごとく領備することができると語ります。かくしてその名号を称すれば、多くの功徳を身にうることができるというわけであって、この功徳のゆえに、称名すれば観念、観想の行と同じ結果がもたらされて、浄土往生の行業となるというわけです。そしてまた、次の第六章の別時念仏門においては、その称名念仏行をめぐって、日常における念仏行と、臨終における念仏行について明かしますが、それによりますと、その日常、臨終いずれの念仏行においても、その行業はついには見仏体験をめざすものであることが知られるわけです。したがって、ここで観仏にたえないものは称名せよと教示することは、観仏の道と称名の道を対比し、観仏の道を排して称名の道を選んで主張するわけではなく、その称名行は、広くは観念、観仏の行に属するものでありました。そのことについては、その観察門の雑略観を明かすについて、その観念にたえないものは称名せよと説いたあとに、割註して「已上意楽不同の故に種々の観を明かす」（真聖全一、八〇九頁）ということからすると、この称名行の主張も、本質的には、観念、観想の行業と理解していたことが明瞭です。

そして次の第五章助念方法門においては、その観想、念仏行を修習するについて、「方術をもって観念を助けて往生の大事を成ず」（真聖全一、八一四頁）といい、七種の方法を用いて、その行業を成就させるべきことを明かします。すなわち、方処供具、修行相貌、対治懈怠、止悪修善、懺悔衆罪、対治魔事、総結要行の七種の方策を語ります。その内容については、すでに上において概観したとおりです。かくして源信は、その浄土往生の行道としての観想、称名の念仏行を修習するについては、大菩提心、護三業、常念仏の三種が肝要であるというわけですが、そのことは、基本的には、長時修、慇重修、無間修、無余修なる四修と、『観無量寿経』が説くところの至誠心、深心、廻向発願心の三心を根本とするもので、そのような方法、方策にもとづいて、正しく観想ないし称名を行ずるならば、尋常と臨終のいずれにおいても、確かに三昧見仏をえて、浄土に往生することができるというわけです。

2　諸行往生の道

しかしながら源信はまた、その第九章諸行往生門においては、浄土に往生する行道として、念仏すなわち、観想、称名の行のほかに、諸種の善根、行業を明かしますが、それを要約していえば、『観無量寿経』に説く十六観のような修観往生の道と、同じく『観無量寿経』に説く世福、戒福、行福なる三福業のような修業往生の道と、同じく『観無量寿経』に説く至誠心、深心、廻向発願心の三心なる修心往生の道と、そのほかに浄土の教説を聞法して、それに深く帰依し信順するという帰向往生の道などがあると明かします。この四種の往生の道については、すでに『浄土三部経―真宗学シリーズ6』（一五五頁）で見たように、中国の慧遠の『観無量寿経疏』（大正三七、一八三頁）の主張をうけたものでしょう。

かくして源信における浄土往生の行道とは、基本的には観想念仏の道として、それは別相観、総相観、雑略観としての色身観察の道でした。しかしながら、そのような観想念仏にたえないものに対しては、一心称名の道もあることを明かしましたが、それも本質的には観察、観念の行に属するものでした。そしてその行道の内実としては、菩提心を前提とし、よく三業を護って常不断に、観想念仏ないしは称名念仏を相続していくことにより、ついには三昧見仏体験をえて浄土に往生する道をいうものでした。そしてまた源信は、それ以外の諸行によってもよく往生できるといい、上に見たように、修観往生、修業往生、修心往生、帰向往生の道を明かしております。その点、源信における浄土往生の行道とは、基本的には観想念仏の道であり、さらにそのほかに諸行往生の行道も許容するという、かなり幅広い多重なる行道を語っていることが知られます。なおまた源信は、その『阿弥陀経略記』によりますと、阿弥陀仏にかかわって、聞名不退、聞名往生の道を語っておりますが、それについては改めて次に見ることといたします。

3　聞名不退の道

すでに上において見たように、源信における浄土往生の行道とは、基本的には観想念仏、見仏の道としての、仏身観察の道でありました。そのような観察にたえないものに対しては、一心称名の道もあることを語りましたが、それも本質的には、観察、観念の行、見仏の行に属するもので、日々不断に観想念仏ないし称名念仏を相続していくことにより、ついには三昧、見仏体験をえて浄土に往生する道をいうもので、源信における行道とは、どこまでも観仏の道、見仏の道であったわけであります。

しかしながら、源信には、その晩年、死の三年前に著わしたところの『阿弥陀経略記』というものが存在します。その内容については、すでに上において見たように、『阿弥陀経』の「舎利弗、於汝意云何云々」の文を註解するについては、

利益というは、仏名および経名を聞くものは三益あり。一には現に諸仏のために護らる。二には現に不退転をうる。三にはまさに大菩提をうるべし。（恵心全集一、四二五頁）

と明かして、聞仏名、聞経名の仏道を修めるならば、この現身において諸仏に護念され、またこの現身において不退転地の益をうけ、さらにはまたそれにおいて、ついには大菩提、仏の「さとり」を証することができるといいます。すなわち、聞名にはそれほどの利益があるというわけです。そして、それに続く『阿弥陀経』の「舎利弗、若有人已発願今発願当発願」の文を註解しては、

言うところの益とは、一に現不退の益。二に近果往生の益。三に遠果菩提の益。（恵心全集一、四二六頁）

といって、ここでもまた、聞名にもとづく現生の利益とは、不退転地に住することであると明かしております。そしてそのあとに、『無量寿経』の第三十四願の聞名得忍の願文を

引用し、さらには、龍樹の『十住毘婆沙論』が主張するところの、聞名不退をめぐる文に注目しております。

かくして、このことからすると、源信の浄土教理解においては、『往生要集』によれば見仏の道を説いているわけですが、この『阿弥陀経略記』によれば聞名の道を明かしているところです。しかしながら、源信における基本的な立場は、前者の見仏の道であったことはいうまでもありません。

ところで、このような聞名不退の道、聞名往生の道は、古くはインドにおける浄土教の原典としての、〈無量寿経〉および〈阿弥陀経〉の教説と、それらに学んで、自身の菩薩道について、新しく易行道を開顕したところの、龍樹浄土教にのみ見られるものであって、その後の浄土教理史においては、まったく見失なわれていたものでありました。それがこの源信によって、新しく発掘され、注目されることとなったわけであります。

そして親鸞もまた、この源信に学んで、新しい在家仏教、庶民、凡夫のための仏道として、この聞名不退、聞名往生の道を選びとり、そのような仏教を新しく開顕することとなったのであります。この親鸞と源信の『阿弥陀経略記』との関係を物語る史料は、今日では何ら発見されてはおりませんが、すでに『真宗求道学―真宗学シリーズ5』において、その詳細を論究したように、親鸞はその若き日に、比叡山の横川において、この『阿弥陀経略記』を披見したであろうことが充分に想像されるところであり、親鸞が比叡山を下りることとなった理由も、ひとえにこの『阿弥陀経略記』に導かれて、新しい在家の庶民仏教を開顕するためであったろうと思うことであります。

その点、源信における聞名不退の道、聞名往生の道の主張は、その浄土教理史上においては、きわめて特筆すべき事象であり、またその後における、親鸞による真宗教義の形成、確立のためには、まことに重要な意義をもつこととなったといいうるでありましょう。

五　親鸞における領解

親鸞は、この源信によって示教されたところの聞名不退の道、聞名往生の道について、多くのことを学び、後には、それについての考察を深化、発展させて、その『教行証文類』の「行文類」と「信文類」における、真宗教義の大綱の構築の基盤といたしました。その内実については、すでに『真宗学概論―真宗学シリーズ2』において論考したところであり、また続刊予定の『教行証文類―真宗学シリーズ8』においても、その詳細について明示いたしたいと思います。

そこでいまひとつ、親鸞が源信に学んだものは、浄土往生をめぐる報土と化土の弁立の

問題です。親鸞が、その「正信念仏偈」に、

専雑の執心、浅深を判じて、報化二土まさしく弁立せり。（真聖全二、四五頁）

と明かすところです。すなわち、阿弥陀仏の仏身については、真実の仏身、真身に対する方便なる化身があり、その浄土についても、また真土に対して方便なる化土があって、真実の信心を開発しえず、なお疑惑不信の心を宿したままの、第十九願仮門の人、第二十願真門の人、そういう不実信心のものは、このような化身、化土の浄土に往生するというのです。ここでいう化身、化土とは、その化とは教化の化、化現の化の意味をもつもので、それは仮にも通じ、仏法を正しく学びえないで迷う人々を、真実なる浄土に向って教化し、導き入れるために、方便として仮りに化現し施設されたところの仏身、仏土ということです。すなわち、もともと浄土に往生するとは、「正覚の華より化生する」（『浄土論』真聖全一、二六九頁）と明かし、また「捨此往彼蓮華化生」（法然・『往生要集大綱』真聖全四、三九三頁）と語られるように、浄土の蓮の華の中から生まれるというわけですが、善導は、そのことにかかわって、「往生をうといえども華に含まれていまだいでず」（「定善義」真聖全一、五〇八頁）といって、浄土の蓮華の中に生まれても、その花弁が開くことがなく、長い間、阿弥陀仏に出遇えないままに、その浄土の功徳も身にうることができないといいます。それが化土往生ということです。その意味においては、この化土とは、真実の浄土の中の出

来事にほかならず、それはひとえに、私たち念仏者についての、まことの念仏の在り方、真実の信心の開発をめぐって、厳しく教導し、示教したものであります。

なおまた、このような化土往生の思想は、いかなる背景をもって教説されることとなったのでしょうか。今日においてはなおその詳細は明確ではありませんが、私もそれについて、いささかの試論を開陳したところですが、ここでは省略いたします。その詳細については、拙著『教行証文類講義』第八巻の「化土の意義」以下（二一～四六頁）を参照してください。

第八章　法然『選択本願念仏集』

一　法然の生涯とその撰述

1　法然の生涯

法然の生涯をめぐっては、その伝記が数多くさまざまに伝えられて、その真偽の弁別も困難でありますので、いまはそのおおよそをうかがうほかはありません。

法然は、平安時代の末期、長承二（一一三三）年に、岡山県久米郡、久米南の稲岡の庄に、押領使《おうりょうし》の漆間《うるま》時国《ときくに》の子として誕生しました。しかし、この時国が仲間との争いによって殺害されたことから孤児となり、やがて出家して、比叡山に登りました。はじめは源光につきましたが、さらに皇円についたといいます。そして長じると、遁世して黒谷の叡空の弟子となり、それを契機として法然房源空と名のることとなりました。この黒谷は、遁世して墨染めの衣を着て念仏するものの別所として、源信がはじめたところの二十五三昧会を伝統とするところでありました。その中心の指導者の一人が叡空であったわけで、法然が、この黒谷に移ったということは、源信の浄土教に傾倒していったということでもありました。また法然が『一切経』を繰りかえして読んだという話は、このころのことであったのでしょうか。

そして法然は、二十四歳の年に、京都嵯峨の釈迦堂に参籠し、自分の出離の道を求めて祈請し、さらには奈良におもむいて諸寺を歴訪しましたが、そこで南都の浄土教、永観、珍海、実範らの教学にもふれたであろうと思われます。この南都の浄土教は、比叡山の源信浄土教とは異って、中国善導系の浄土教が主流をなすものであって、法然と善導の関係は、この南都の遊学にもとづいて生まれたものであったと考えられます。そののち法然は、再び黒谷に帰って修学を続けていましたが、承安五（一一七五）年、法然四十三歳の年、善導の『観無量寿経疏』を読んで、その中の一節の、

一心に専ら弥陀の名号を念じて、行住坐臥に時節の久近を問わず、念念に捨てざるものは、これを正定の業と名づく、彼の仏願に順ずるが故に。（「散善義」真聖全一、五三八頁）

という一句に出遇い、まさしく仏道に開眼したといいます。求めつづけていた仏道の真髄

を、この一句によって体解、領納することができたということです。そのことについて、法然は、その『選択本願念仏集』の結勧において、

是れにおいて貧道、昔この典を披閲してほぼ素意を識り、たちどころに余行をすててここに念仏に帰しぬ。それよりこのかた今日に至るまで、自行化他ただ念仏を縡《こと》とす。

（真聖全一、九九三頁）

と記録しております。源信の浄土教、そしてそれを継承した叡空らの浄土教は、いずれも念仏行とともに、そのほかの諸種の行業を認めるものであり、ことに天台教学における止観の行は、その称名念仏と并修されていたわけです。その点、法然が善導の浄土教に帰したということは、天台宗の浄土教から明確に訣別したということを意味します。

ただし、近年においては、法然の廻心体験、善導浄土教に対する帰入は、それよりも二、三十年の後のことではなかったかという見解が主張されております。そのことは、法然は、浄土教に帰入しながらも、他方においては、その晩年の元久元（一二〇四）年、七十二歳にして作成された「送山門起請文」には、「叡山黒谷沙門源空敬白」と書き、またその内容においても、

浄土をねがふ輩、豈妙法を捨んや。就中、源空念仏の余暇に当て天台の教釈を開て、信心を玉泉の流にこらし、渇仰を銀池の風にいたす、旧執なお存す。本心何んぞ忘れ

ん。（法然全集七九六〜七九七頁）

などといって、ここでは浄土念仏に帰依して浄土を願生しておりますが、また他面において、妙法、すなわち、天台の教法は捨ててはいません。念仏を称える余暇には、天台教学を学んで、それを渇仰しております。「旧執なお存す。本心何んぞ忘れん」とまで語っているところです。このことからすると、法然は浄土教に帰依したけれども、なお天台教学とその行業は捨ててはいないということでしょう。たしかに、法然は、その生涯にわたって、持戒堅固な清僧としてふるまい、多くの人々に授戒し、病気平癒を祈るなどの、さまざまな天台僧としての行儀を修めているところでもあります。かくして法然は、一面では専修念仏の行者として、日課数万遍の称名念仏を行じながらも、また他面においては、終生にわたって天台教団に所属する天台沙門でもあったわけで、ここに法然における思想的な矛盾と、その限界があったわけであり、またその生き方の基本的な姿勢があったと思われます。なおこのことについては、後にその行道思想にかかわって、改めて考察することといたします。

そして法然は、その善導浄土教に帰入ののちは、まもなくこの黒谷を離れて、京都の西山の広谷に住むこととなりました。そしてさらに転じて京都の東山の大谷吉水に移住しました。そののち法然は、承元の念仏弾圧によって四国に流罪されるまで、その三十年間は、主としてこの大谷の地で、多くの民衆、信者と交わり、それらに支えられながら念仏布教の生活をすごしました。またこのころになると、多くの門弟たちが入室するようになり、この大谷吉水の地は次第ににぎやかになっていきました。そして文治二（一一八六）年、法然五十四歳の年、天台宗の顕真が、法然を大原に招いて浄土の教義を学ぶということがありました。いわゆる大原談義です。このことを通しても、法然の名声が次第に世にひろまっていったことがうかがわれます。そしてまた、法然は建久九（一一九八）年、六十六歳にして、九条兼実の請いによって、浄土念仏の要義をまとめ、『選択本願念仏集』二巻を著わしました。ここでは専修念仏の主張が貫かれており、またその必然として、聖道教の諸宗に対する徹底的な批判論が展開されております。その点、この『選択本願念仏集』は、やがて日本仏教界に重大な問題を提起することとなったわけです。法然が、その結びの文において、

こいねがわくば、一たび高覧を経ての後、壁の底に埋みて、窓の前に遺すことなかれ。恐くは破法の人をして悪道に堕せしめざらんがためなり。（真聖全一、九九三～九九四頁）

と明かしているところであり、法然は、この書がやがて問題になることを、充分に予想していたわけでありましょう。

そして元久元（一二〇四）年、法然七十四歳のとき、比叡山衆徒が決起して、専修念仏

を禁止するよう天台座主に訴えることがあり、そこで法然は「七箇条の制戒」を記して、その門弟ら計百九十名が署名して座主に呈しました。しかしながら、多くの民衆たちの専修念仏への帰依はいっそう盛んとなり、さらに翌年の元久二（一二〇五）年には、奈良の興福寺の衆徒らが、改めて念仏禁制を訴えることがありました。いわゆる興福寺奏状といわれるものです。ここでは法然の専修念仏をめぐる過失を九か条もあげて、法然の念仏教団を解散、処分するように申し入れています。そしてそのことをめぐるさまざまな状況の推移の中で、ついに建永二（一二〇七）年に念仏弾圧がおこなわれて、法然は七十五歳にして、土佐（のちに讃岐に変更）に流罪が決定いたしました。そしてまた、そのときには親鸞も越後に流罪となりました。そして法然は、建暦元（一二一一）年十一月に、帰洛が赦されて京都に帰ってきましたが、その翌年の一月二十五日に、八十歳にして大谷の地で往生いたしました。

2　法然の撰述

法然の撰述については、その門弟の長西の記録によれば、

『無量寿経釈』一巻

『観無量寿経釈』一巻

『阿弥陀経釈』一巻
『阿弥陀経懺法』一巻
『往生要集料簡』一巻
『浄土初学抄』一巻
『選択念仏集』一巻
『浄土五祖伝』一巻

という八部があったといいます。そして法然の滅後四十五年の、康元元（一二五六）年から二年にかけて、親鸞が編集、書写した『西方指南抄』三巻には、その遺文二十八篇が収められております。またその滅後六十二年の文永一一（一二七四）年に、道光了恵が集録した『漢語燈録』十巻、『和語燈録』五巻、『拾遺燈録』三巻には、その著述、法語、消息などの五十五篇が収められております。ただしその『西方指南抄』と『語燈録』との間には、異同出没があって、文々句々にも相違が見られ一定ではありません。その点、法然の思想を考察するについては、まず厳密なテクスト・クリティークを必要とすることとなりますが、それについては今後の研究解明をまたねばなりません。

かくしていまは大橋俊雄氏によりますと、法然の思想展開の過程は、天台的浄土教思想受容期、浄土教思想確立期、選択本願念仏思想確立期の三期に区別され、その第一期時代の著作としては、『往生要集釈』をはじめとする一連の『往生要集』に関する註解書と、『三部経大意』を推定し、第二期時代のものとしては、『無量寿経釈』『観無量寿経釈』『阿弥陀経釈』などの三部経釈が考えられ、第三期時代には、『選択本願念仏集』の成立を当てることができるといいます。現在のところでは、この程度にしか分類できがたいようでありますかくして、法然における主著が『選択本願念仏集』であることは、いうまでもないところでありましょう。以下その『選択本願念仏集』について、いささかの考察を加えることといたします。

二　『選択本願念仏集』の梗概

1　『選択本願念仏集』の組織

ところで、この『選択本願念仏集』は、建久九（一一九八）年三月、法然六十六歳のとき、九条兼実の懇望によって、法然の指導のもとで、弟子の真観房感西が法門について語り、善恵房証空が経釈の要文を引き、安楽房遵西が筆をとって作成したと伝えております。そしてその内題と標挙の文、「選択本願念仏集。南無阿弥陀仏、往生之業念仏為先」という文は、法然自身が書いたといいます。今日京都市の廬山寺に蔵するものは、そのときの草稿本と伝えております。なおここでいう「選択」とは、『大阿弥陀経』に「すなわち心中の所願を選択して」（真聖全一、一三六頁）とあり、また『平等覚経』にも「ために二百一十億の仏国の中の諸天人民の善悪、国土の好醜を選択して」（真聖全一、七七頁）と明かし、また『大智度論』にも、「阿弥陀仏先世の時、法蔵菩薩（中略）浄妙の国を選択して、もって自らその国を荘厳す」（大正二五、三四三頁）と記しております。問題は、いまここでいう選択の主体は、阿弥陀仏か私自身か、またはその両者にかかると見るか、ということであります。

そしてまた、ここでいう「本願」とは、古来その本の字義を因本と見て、阿弥陀仏の四十八願全体と捉えるか、またはそれを根本の義と見て、第十八願そのものと捉えるかの考え方があります。法然が「それ四十八願に約して一往おのおの選択摂取の義を論ず」（第三本願章）と明かすものは、その前者の立場をいい、また「故に知んぬ。四十八願の中に、念仏往生の願をもって、本願の中の王となすなり」（第六特留章）と明かすのは、その後者の立場について示したものでありましょう。法然の基本的な立場は、四十八願全体を意味しますが、その中心を第十八願文に見たことはもちろんであります。

またその「念仏」とは、中国浄土教においては、禅定三昧において現身に仏身を観ずるという観念念仏と、日日に仏徳を繰りかえして憶想するという憶念念仏と、もっぱら仏名を称唱するという称名念仏との三種に分流していきましたが、法然はその善導の流れを継承して、専修なる称名念仏を実践いたしました。法然は「念声は是れ一なり」（第三本願章）といい、「称名念仏はこれ彼の仏の本願の行なり」（第二行章）と明かすところであります。

なお、その標挙の文の「南無阿弥陀仏」とは、ここでは口称念仏を意味しているわけでしょう。また「往生之業念仏為先」とは、この語は、源信の『往生要集』の第五助念方法門の総結要行の文に、「往生之業念仏為本」（真聖全一、八四七頁）と書かれたものをうけていることは明らかです。ただし、『廬山寺本』（草稿本）では「念仏為先」となっています。しかし、親鸞の『教行証文類』の「後序」によりますと、親鸞が書写したものには、法然自らが「念仏為本」と書いたと記しております。またその「行文類」にもそのように転写しております。この「念仏為本」か「念仏為先」かという問題については、『和語燈録』「諸人伝説の詞」によりますと、

恵心の先徳の『往生要集』の文をひらくに、「往生之業念仏為本」といひ、又恵心の『妙行業記』の文をみるに、「往生之業念仏為先」といへり。（真聖全四、六八一頁）

とあります。源信自身が、「為本」といい、また「為先」とも書いたと伝えております。

なおその『妙行業記』は未伝でありますが、良忠の『選択伝弘決疑鈔』によりますと、浄土宗では、両者を同一に理解しているということです。

そこでその本文について見ますと、その本文は十六章に分かれ、最後に結勧の文がおかれます。その本文の十六章は、はじめの第一章と第二章は道綽と善導の釈文により、第三章以下は、『無量寿経』『観無量寿経』『阿弥陀経』の経文にもとづいて論旨が展開されます。それを図示すると次のとおりです。

- 題号
- 標挙――「南無阿弥陀仏　往生之業念仏為本」
- 釋文――（道綽・善導）
  - 第一――二門章
  - 第二――二行章
- 無量寿経
  - 第三――本願章
  - 第四――三輩章

- 本文—要文
  - （前頁より）
    - 第五—利益章
    - 第六—特留章
  - 経文
    - 観無量寿経
      - 第七—摂取章
      - 第八—三心章
      - 第九—四修章
      - 第十—化讃章
      - 第十一—約対章
      - 第十二—付属章
    - 阿弥陀経
      - 第十三—多善章
      - 第十四—証誠章
      - 第十五—護念章
      - 第十六—慇懃章
- 結勧

なおそれぞれの章の正式なタイトルは次のとおりです。

第一章　道綽禅師、聖道・浄土の二門を立てて、しかも聖道を捨てて正しく浄土に帰するの文

第二章　善導和尚、正雑二行を立てて、雑行を捨て正行に帰するの文。
第三章　弥陀如来、余行をもって往生の本願となしたまはず、ただ念仏をもって往生の本願となしたまへるの文。
第四章　三輩念仏往生の文。
第五章　念仏利益の文。
第六章　末法万年の後、余行ことごとく滅して特に念仏を留めたもうの文。
第七章　弥陀の光明、余行の者を照らさずして、ただ念仏の行者を摂取したもうの文。
第八章　念仏の行者、必ず三心を具足すべきの文。
第九章　念仏行者、四修の法を行用すべきの文。
第十章　弥陀の化仏来迎のとき、聞経の善を讃歎せずして、ただ念仏の行を讃歎するの文。
第十一章　雑善に約対して念仏を讃歎するの文。
第十二章　釈尊定散の諸行を付属したまはず、ただ念仏をもって阿難に付属したもうの文。
第十三章　念仏をもって多善根となし、雑善をもって小善根とするの文。
第十四章　六方恒沙の諸仏、余行を証誠せず、ただ念仏を証誠したもうの文。

第十五章　六方の諸仏、念仏の行者を護念したもうの文。
第十六章　釈迦如来、弥陀の名号をもって慇懃に舎利弗等に付属したもうの文。

2　『選択本願念仏集』の解説

そこで以下、この『選択本願念仏集』の内容をめぐって、いささか解説をすすめてまいります。

第一章の二門章は、道綽の『安楽集』の聖浄二門判の文を引用し、その文にもとづいて、浄土宗の開宗を宣言いたします。すなわち、そこではまず、浄土宗という宗名には、その歴史的な伝統があると論じ、さらに仏教には、聖道門と往生浄土門の二門、二種の道があって、その浄土門の教義の正統な典拠となるものは、まさしくは『無量寿経』『観無量寿経』『阿弥陀経』の浄土三部経と、天親の『浄土論』の三経一論であると主張いたします。そして傍明の典拠としては、『華厳経』『法華経』などの諸経典と、『大乗起信論』『十住毘婆沙論』などの諸論書がそれであると明かします。そしてその浄土宗独立の論理としては、上に引用した道綽の『安楽集』の、釈尊から隔たること遥遠という歴史性と、仏法の理は深く人間の解は微であるという人間性について提起し、そのことを証明するものとして、曇鸞の『往生論註』の冒頭の文を引用し、仏道には難行道と易行道があるが、水路を船で進むような易行道なる往生浄土の道こそが、もっとも容易であり、万人相応の仏道であると主張いたします。そして最後に、そのような浄土宗には師資相承の伝統があるといって、中国の浄土教における、盧山の慧遠流と慈愍流と、道綽、善導流の三流を挙げて、いまはその道綽、善導流の伝統を継承するものであると論じております。

第二章の二行章では、善導の『観無量寿経疏』の「散善義」の文を引用し、それにもとづいて、浄土往生の行道をめぐって考察し、諸種の経典によると、浄土の行道には、まことの浄土往生の行業としての正行と、諸善万行の不実なる雑行とがあるといいます。そしてその正行には、読誦正行、観察正行、礼拝正行、称名正行、讃歎供養正行の五種の正行があるといい、さらにそれらを分別するならば、第四の称名正行こそが、阿弥陀仏の本願に順じるところの、もっとも勝れた往生浄土の正定業で、あとの四種の正行は、その称名正定業の成立を助成するところの、助業にすぎないと主張いたします。そしてまた、その正行と雑行とを対比しては、正行には五種の功徳があると明かします。そしてさらには、この正定業なる称名念仏には、浄土往生の要件としての願と行とがよく具足するといい、最後には、それらの文を結んで、専心に称名念仏するものは、「百即百生」、百人が百人すべて浄土に往生することができ、雑行を雑修するものは、「千中無一」、千人の中で、一人も浄土に往生できるものはいないと主張いたします。

そして第三章の本願章では、『無量寿経』の第十八願文と、善導の『観念法門』引用の本願加減の文と、『往生礼讃』引用の本願自解の文を引用して、阿弥陀仏は、かつて法蔵菩薩であった時、十方世界の諸仏の浄土を徹視、選択して、西方の極楽浄土を建立されたが、その浄土往生の行業としては、布施、持戒、禅定、菩提心などのあらゆる善根、諸行をすべて選捨して、ただひとつ「念仏一行」を選取されたといいます。そしてその選捨、選取の理由を明かして、一にはその阿弥陀仏の「一切の内証の功徳」と、「一切の外用の功徳」が、みなことごとくその「阿弥陀仏の名号の中に摂在」しているからこそ、その称名念仏行がもっとも超勝であると主張し、またその称名念仏行は、いかなる凡夫、智慧浅くして貧窮なるものであっても、ひとしく容易に修習、実践できるところの易行であると明かします。だからこそ、この本願の称名念仏行が、もっとも勝にして易なる、万人普遍の成仏道であると主張いたします。そしてまた、その第十八願文に説かれる「十念」については、「念声はこれ一なり」といって、それは十声の称名念仏のことであって、浄土往生を願うものは、ひとしくもっぱら称名念仏を修めるべきであると教示いたします。

そして第四章の三輩章は、『無量寿経』の三輩往生の文を引用し、上の第二の二行章と第三の本願章において、称名念仏行こそが、まさしき浄土往生の正定業であると主張したものをうけ、『無量寿経』の三輩往生の文において、念仏往生のほかに、上輩の文においては発菩提心を、中輩の文においては塔像の起立や沙門への供養などの善根を、また下輩の文においても発菩提心を明かして、それぞれが諸行往生を説くのはなぜかという問いを発し、それに対して、それは諸行を廃して念仏を立てるために（廃立）、またそれは諸行をして念仏の正業を助けるために（助正）、またそれは諸行を傍として念仏を正とするために（傍正）と説いて、いちおうは諸行往生を認めつつも、ついには念仏一行に帰すべきであると明かします。ここでいう「助正」「傍正」という論理は、上の二行章と本願章において、浄土往生の行業とは称名念仏一行であると、きわめて明快に主張したのに比べますと、その選択の思想、念仏一行の論理が、いささかトーンダウンし、曖昧になっていることが明らかです。そのことは改めて後に見るところの、その結勧の文における「三選の文」にも指摘できるところであって、そこでは念仏一行を選択するといいながらも、その諸行については、「しばらく閣《さしお》きて」といい、また「しばらく抛《なげう》ちて」といい、さらにはまた「なお傍《かたわら》にして」といいます。いずれも「しばらく」「なお」といって、ある程度の幅、「ぶれ」をもたせた表現で、ここでもその選びの曖昧性が指摘できるところでありま す。これらのことは、この『選択本願念仏集』が、一人の人間の思考、論理によって、前後一貫して主張され、述作されたものではなくて、すでに上において明かしたように、法然の指導のもとではいいながらも、門弟三名の合作によって編集された事情をよくよく物語るもので、そこでは思考、見解、論理が、いろいろと対立し、錯綜し、混乱したものであろうことが推察されるところであります。かくして、そのことは、この『選択本願念仏集』が宿しているところの基本的な性格でもありましょう。そのことについては、後に改めて論考することといたします。

そして第五章の利益章以下は、上に挙げた称名念仏行をめぐって、その修習の仕方、用心と、その念仏行がもつところの利益について明かすものです。

すなわち、その第五章の利益章以下は、すべて念仏往生の行道をめぐる讃歎の文であって、この章は、念仏の利益について明かすもので、『無量寿経』の流通分の文と、善導の『往生礼讃』の文により念仏の一念、一声において、無上の功徳をうることを明かします。

第六章の特留章については、『無量寿経』の流通分の「特留此経」の文にもとづいて、浄土の教法、念仏往生の法門が、永遠にして不滅なる教説であることを明かします。

第七章の摂取章については、『観無量寿経』の第九真身説の光明摂取の文と、善導の「定善義」と『観念法門』の文によって、念仏には、親縁、近縁、増上縁の三義があるところから、阿弥陀仏はその念仏者を摂取するも、余の諸行の行者にはそれがないことを明かします。

第八章の三心章については、『観無量寿経』の上品上生の具三心者の文と、善導の「散善義」と『往生礼讃』の三心釈の文にもとづいて、念仏往生の行道の用心としては、この至誠心、深心、廻向発願心の三心が必須条件であって、この三心を具すことが、行をして如実たらしめる根本であることを明かします。そしてその三心は、さらに中間の深心に帰して、この深心、すなわち信心こそが肝要であると明かします。

第九章の四修章については、念仏往生の行道を修めるについて、善導の『往生礼讃』と窺基の『西方要結』の文によって、恭敬修、無余修、無間修、長時修の四修の作法を大切に、懈怠なく修めるべきことを明かします。

第十章の化讃章については、『観無量寿経』の下品上生の文と、善導の「散善義」の文によって、浄土往生に際して、阿弥陀仏の化仏が来迎するとき、念仏の行者のみを讃歎することを明かします。

第十一章の約対章については、『観無量寿経』の流通分の文と善導の「散善義」の文を引用して、『観無量寿経』の下品下生において念仏往生の道を説くのは、極悪最下の人に極善最上の法を説いて、念仏がもっとも勝れていることを示したものであると明かします。

第十二章の付属章については、『観無量寿経』の流通分の阿難付属の文と、善導の「散善義」の文を引いて、『観無量寿経』に説くところの定散二善は廃のために説くものであって、念仏一法のみが立であり、諸行は念仏の勝徳をあらわす手段として説いたものにほかならず、すべては念仏に帰結するということを明かします。

第十三章の多善章については、『阿弥陀経』の念仏往生を勧める執持名号の文と、善導の『法事讃』の文によって、称名念仏往生の道こそが、まさしく多善根なるもっとも勝れた行道であることを明かします。

第十四章の証誠章については、『阿弥陀経』の六方段の教説をめぐり、善導の『観念法門』『往生礼讃』「散善義」『法事讃』、そして法照の『五会法事讃』の文によって、諸仏が念仏往生の道を証誠されていることを論じ、ひとえに念仏往生の教法を信奉すべきことを明かします。

第十五章の護念章については、『阿弥陀経』に説く六方諸仏の護念をめぐり、善導の『観念法門』『往生礼讃』の文によって、六方世界の諸仏が念仏の行者を護念していることを示し、もって念仏の功徳利益の広大さを明かします。

そして第十六章の慇懃章については、『阿弥陀経』の流通分、善導の『法事讃』の文によって、釈尊がその生涯にわたる教説を終えるにあたって、この『阿弥陀経』を教説し、念仏往生の道を舎利弗らに付属されたことを明かします。そしてこの念仏の教法こそが、もっとも勝れていることを主張いたします。

なおこの第十六章においては、その後に、『浄土三部経』の本意は、諸行を選び捨てて念仏一行を選び取ることにある、という意趣を明かして七種の選択について示します。すなわち、『無量寿経』については、(一)選択本願として、法蔵菩薩が浄土往生の行業として念仏を選択したこと、また(二)選択讃歎として、釈尊がその流通分において念仏を一念無上功徳として選択したこと、また(三)選択留教として、釈尊が念仏の一法のみを後世末代に選択して留めたことをいいます。

また『観無量寿経』については、(四)選択摂取として、阿弥陀仏が念仏の行者のみを選択して光明摂取すること、また(五)選択化讃として、阿弥陀仏の化仏が、その臨終に念仏者のみを選択して讃歎し来迎すること、そしてまた、(六)選択付属として、釈尊がその『観無量寿経』を結ぶにあたり、念仏のみを選択して付属されたことをいいます。

そしてさらに、その『阿弥陀経』については、(七)選択証誠として、六方世界の諸仏が、念仏往生の道こそが、唯一真実の行道であると選択して証誠していることをいいます。以上によって、『浄土三部経』にもとづく七選択について明かしたのち、さらに『般舟三昧経』によって、阿弥陀仏が私たちの浄土往生の行業として、名号を選択したという(八)選択我名について明かします。かくして以上、『浄土三部経』および『般舟三昧経』によって、合計八種の選択の義を語りますが、それはまた角度をかえていえば、弥陀、釈迦、諸仏の三仏による選択ともいいうるわけでありましょう。

そしてさらに、最後に結勧の文がおかれるわけですが、そこには有名な、

おもんみるに、夫れ速やかに生死を離れんと欲わば、二種の勝法の中に、しばらく聖道門を閣《さしお》きて、選びて浄土門に入れ。浄土門に入らんと欲わば、正雑二行の中に、しばらく諸の雑行を抛《なげう》ちて、選びてまさに正行に帰すべし。正行を修せんと欲わば、正助二業の中に、なお助業を傍《かたわ》らにして選びてまさに正定を専らにすべし。正定の業とは、すなわち、これ仏の名を称するなり。称名は必ず生をう、仏の本願に依るがゆえに。（真聖全一、九九〇頁）

という「三選の文」が明かされております。そのおよその意趣は、仏法を学んで仏の「さとり」に至ろうと願うものは、まず聖道教をさしおいて選んで浄土教に入れ。また浄土教に帰依するものは、雑行をなげうちて選んで正行に帰せよ。そしてさらに正行を修めるものは、助業をかたわらにして選んで正定業をもっぱらにすべし。その正定業とは阿弥陀仏の名号を称することである。称名すれば必ず浄土に往生することができる。それは阿弥陀仏の本願によって選択された仏道だからである、ということです。この文には、「選」という字が三回用いられているところから「三選の文」といわれています。ただし、ここで主張されているところの選びの論理は、いささか「ぶれ」をもたせた表現になっており、その選びの論理が曖昧になっていることは、すでに上において指摘したところです。そし

て法然は、それにつづいて、自分の信念を表白して、それがひとえに善導の示教によることを記し、その善導の教導に深く敬意を表し、その恩徳を讃えております。

ところで、この『選択本願念仏集』の根本要義をめぐっては、その第一の二門章、第二の二行章、第三の本願章が、その中核をなすものであることは明瞭であり、第四章以下は、上をうけて、その称名念仏行の修習の仕方、用心と、その念仏行をめぐる利益、功徳の内実をめぐって、さらに詳説したものと理解されます。そこでその上の三章の中でも、古来ことに第二の二行章、善導の教示にもとづく称名正定業の主張こそが、この『選択本願念仏集』の中心をなすという理解と、第三の本願章、その称名念仏行はひとえに阿弥陀仏の第十八願、本願にもとづくという主張こそが、この『選択本願念仏集』の中心をなすという理解があります。その前者は、良忠の『選択伝弘決疑鈔』を中心とする、鎮西浄土宗系の理解であり、その後者は、行観の『選択本願念仏集秘鈔』、堯恵の『選択集私集鈔』を中心とする、西山浄土宗系の理解です。それに対して、浄土真宗においては、前者の説に立つものが、大谷派の深励の『選択集講義』、大含の『選択集真宗義』であり、後者の説に立つものは、本願寺派の慧雲の『選択集通津録』、道隠の『選択集要津録』です。なおその両説を折衷するものとして、第二の二行章と第三の本願章の両者を中心と見ると主張するものが、僧朗の『選択集戊寅記』、了詳の『選択集昨非鈔』、円月の『選択集水月記』

などです。私見としては、第三の本願章を中心として見るべきであろうと思います。

三　法然における浄土往生の道

1　心行相応の道

法然の浄土教については、特に比叡山における、天台宗浄土教の流れの中の源信浄土教の影響と、そののち法然がひとえに依拠していった、善導の浄土教思想の継承が考えられます。

その源信浄土教の影響については、法然は比叡山修学時代に、西塔黒谷の叡空にしたがってことに戒律を学びましたが、またこの黒谷は、もと源信の流れを汲む不断念仏が盛んであって、法然はここにして、源信の浄土教思想を媒介として浄土教に深くかかわっていったと考えられます。

そしてまた、法然における善導浄土教の影響については、法然は源信を先達として浄土教に帰入しましたが、のちに善導の『観無量寿経疏』を披閲するに至り、源信を超えて、ひとえに善導に随順することとなったわけであります。その主著の『選択本願念仏集』においては、全篇十六章の中、第一章を除く各章には、すべて善導の文を引用しているほどです。法然における善導への傾倒が、いかに強大であるかがよくよくうかがわれるところです。そしてその結勧の文には、

大唐の相伝に云く、善導は是れ弥陀の化身なりと。爾らば謂うべし。また此の文は是れ弥陀の直説なりと。（真聖全一、九九三頁）

と明かし、また自ら「偏に善導一師に依るなり」（真聖全一、九九〇頁）とも語っておりますが、法然は、いちずにこの善導一師に偏依し、それに随順していったわけであります。そこで善導の浄土教とは、すでに見たように、曇鸞および道綽の浄土教を継承するものであって、その浄土への行道としては、阿弥陀仏の本願に順ずるところの安心、起行、作業の道として、三心にもとづく五正行の相続、そしてその四修の道でありましたが、さらにいうならば、願行具足なる道として、浄土への願生の心（願）にもとづくひたすらなる称名念仏（行）の道、すなわち、専修称名の道を明かすものでした。法然はこの善導浄土教を承けるものであって、法然における浄土の行道もまた、基本的には心行相応の道として、善導における安心、起行、作業の思想を伝統しているわけであります。すなわち、法然における専修念仏の行道とは、

浄土に生ぜんとおもはば心と行との相応すべきなり。（『往生大要鈔』真聖全四、五六九

頁）

浄土に往生せんとおもはん人は安心起行と申て心と行との相応すべき也。（『御消息』真聖全四、七五〇頁）

などと明かすように、それは善導浄土教を承けて、安心、起行の道と領解しているわけです。そしてその安心とは「心づかひのありさま」（『浄土宗略抄』真聖全四、六一二頁）のことであって、具体的には『観無量寿経』の至誠心、深心、廻向発願心の三心を指しますが、法然によれば、この三心の内容は、究極的には中間の深心、すなわち、信心に統摂されるものであって、行道における称名念仏の修習のための基本的な用心、心構えを意味するものでありました。そして次の起行とは、善導によって創唱された読誦、観察、礼拝、称名、讃歎供養の五正行を指しますが、またそれはついには称名一行に帰結するものであって、この称名こそが、阿弥陀仏の本願に順ずるところの、まさしき浄土の行業であるというわけです。その点、

現世をすぐべき様は念仏の申されん様にすぐべし。念仏のさまたげになりぬべくば、なになりともよろづをいとひすててこれをとどむべし。いはく、ひじりで申されずばめをまうけて申すべし。妻をまうけて申されずばひじりにて申すべし。住所にて申されずば流行して申すべし。流行して申されずば家にいて申すべし。自力の衣食にて申

されずば他人にたすけられて申すべし。他人にたすけられて申されずば自力の衣食にて申すべし。一人して申されずば同朋とともに申すべし。共行して申されずば一人籠居して申すべし。衣食住の三は念仏の助業也。これすなはち自身安穏にして念仏往生をとげんがためには、何事もみな念仏の助業也（「禅勝房伝説の詞」法然全集四六二～四六三頁）

という言葉は、まさしく法然の仏道に対する基本的な領解であったわけでしょう。また作業については、善導が明かすところの、長時修、慇重修、無余修、無間修の四修をいいますが、法然における称名念仏の道とは、また生涯を貫くところの無余、専修の行道でなければならなかったわけであります。

又人ごとに上人つねにの給しは、一丈のほりをこへんとおもはん人は一丈五尺をこへんとはげむべし。往生を期せん人は決定の信をとりてあひはげむべき也。ゆるくしてはかなふべからずと。（「聖光上人伝説の詞」法然全集四五八頁）

という文は、法然における念仏生活の姿勢をよく物語るものでしょう。法然は日々六万遍ないしは七万遍の称名念仏を修めたとも伝えているところです。

かくして法然における浄土の行道とは、心行相応の道として、三心、五正行、四修の道でしたが、すでに法然が、その『一枚起請文』の中で、ただ往生極楽のためには南無阿弥陀仏と申せば、うたがひなく往生するぞと思とりて申すほかには別の子細候はず。ただし三心四修なんど申す事の候は、みな決定して南無阿弥陀仏にて往生するぞとおもふ内にこもり候なり。（真聖全四、四四頁）

と明かすように、その三心、五正行、四修の道も、ついには称名念仏一行に摂まるものであって、そのかぎりにおいて、法然における行道とは、帰するところは、ただひたすらに称名念仏する道にほかならなかったわけでありましょう。

ところで、法然はその行道において、平生の時に三昧の発得を語り、あるいはまた、臨終に際して、正念を成就して阿弥陀仏の来迎をうることを明かしております。すなわち、法然自らも三昧を発得したと伝えられており、『三昧発得記』なるものも残されております。その意味からすれば、法然における行道とは、善導浄土教に共通して、称名念仏行にもとづくところの、三昧見仏による浄土往生、という構造をもつものであったといいうると思われます。ただし、この『三昧発得記』には、「外見におよばざれ秘蔵すべし」（法然全集八六五頁）という註記が施されて、その外見をはばかっていること、また法然の著作には、その行道の構造において三昧発得のことがまったく明かされていないところからすると、このことを行道の構造における必須の條件として、すべての行者に期待するものではなかったことが知られます。

しかしながら、法然はその反面において、その行道について、きわめてしばしば臨終来迎を語っております。

ただの時によくよく申しおきたる念仏によりて、かならずほとけは来迎し給ふ也。仏のきたりて現じ給へるを見て正念には住すと申すべき也。（『浄土宗略抄』真聖全四、六一六頁）

在生のあひだ往生の行成就せむひとは、臨終にかならず聖衆来迎をうべし。（「法然上人御説法事」真聖全四、五二頁）

などと語られるものがそれです。まことの念仏を修するものには、臨終には必ず阿弥陀仏とその聖衆が来迎し、行者はその仏の現前を見て正念に住して往生をうるというのです。このような臨終来迎の思想は、すでに『無量寿経』などの浄土の三部経に説示されるところであって、浄土教理史上においても、ことには道綽の『安楽集』に見られ、また善導の著作にはしばしば語られるところであり、また源信の『往生要集』にも見られる思想であります。かくして法然においては、この臨終来迎とは、臨終の動乱を離れて専ら正念に住せしめるために、諸の聖衆とともに来迎現前せんと誓われた阿弥陀仏の誓願、第十九願の「臨終現前の願」（『三部経大意』）、「来迎引接の願」（「法然上人御説法事」）にもとづくものであったわけです。法然におけるこのような理解は、この臨終来迎が阿弥陀仏の衆生摂取の内容であること、すなわち、第十八願の念仏行者の得益として捉えられていることを意味するものであって、その点は、道綽、善導を超える領解として注目されるところです。しかもまた法然は、この臨終来迎について、『三部経大意』には、

これによりて臨終の時にいたりぬれば、仏来迎したまふ。行者これを見て心に歓喜をなして、禅定にいるがごとくして、たちまちに観音の蓮台に乗りて安養の宝刹にいたるなり。（真聖全四、七八六頁）

と説いていますが、ここで臨終来迎を明かすに「禅定にいるがごとくして」というのは、明らかにそれを、上に見た三昧見仏に共通するものとして理解していることを物語るものでしょう。その意味からすれば、法然における行道とは、臨終来迎にもとづく往生という構造としても捉えることができるようです。

しかもまた法然は、この行道においてうるところの利益として滅罪を語ります。すなわち、その『選択本願念仏集』の第十一の約対章に、

下品下生は是れ五逆重罪の人なり。而るに能く逆罪を除滅すること余行の堪えざるところ、唯念仏の力のみありて能く重罪を滅するに堪たり。故に極悪最下の人のために極善最上の法を説く。例せば彼の無明淵源の病は中道府蔵の薬にあらざれば、すなわち治すること能わざるが如し。今此の五逆は重病の淵源なり。また此の念仏は霊薬府

蔵なり。此の薬にあらざれば何ぞ此の病を治せん。（真聖全一、九七二〜九七三頁）

と明かし、またさらには、

無間地獄におちては、おほくの劫をおくりて苦をうくべからむものの、おわりの時に善知識のすすめによりて、南無阿弥陀仏と十声となふるに、一こえごとにおのおの八十億劫のあひだ生死にめぐるべきつみを滅して、往生すととかれて候ぬれ。さほどの罪人だにも十声一声の念仏にて往生はし候へば、まことに仏の本願のちからならでは、いかでかさること候べきとおぼへ候て、本願むなしからずといふことは、これにても信じつべくこそ候へ。（「正如房へつかはす御文」真聖全四、二〇一〜二〇二頁）

などと説くところです。このように称名念仏の功徳利益として滅罪を語るのは、ことには『観無量寿経』の所説にもとづくものでしょうが、そのことは善導の浄土教においても主張され、また源信の『往生要集』にも見られる思想です。その点、法然もまたこれらの思想を継承して明かしたものにほかならないわけでしょう。

かくして法然における浄土往生の行道とは、心行相応の道として、基本的には、安心としての三心と起行としての五正行の道、それはさらにいえば、ひとえに称名念仏して、臨終に来迎をえ、滅罪して浄土に往生をうるという道であって、それは端的にあらわせば、称名念仏一行の専修に帰するといいうるわけであります。そしてまた、善導において明かされていた三昧見仏の境地が、この法然においては、むしろ臨終来迎として語られている点は、法然浄土教の行道思想の特色として充分に注意されるべきところであります。その意味においては、法然における行道とは、しょせん見仏の道にほかならず、そののちに、親鸞が主張したところの聞名の道とは、明確に相違しているところであります。なおまた、親鸞においては、その臨終をめぐって、来迎および滅罪の問題は、まったく語られることはありませんでしたが、これらのことについてはよくよく留意すべき点でありましょう。

2　法然における捨聖帰浄の問題

法然は、その『選択本願念仏集』において、当時の南都、北嶺の旧仏教を厳しく批判しながら、新しく万人普遍なる称名念仏一行の仏道を確立し、浄土宗の独立を宣言して、そのことを主張したわけですが、その法然の主張をめぐっては、旧仏教からいろいろと批判が生まれ、元久元（一二〇四）年、法然七十二歳の冬には、比叡山延暦寺の衆徒が、念仏停止のことを天台座主に訴えるということがありました。そこで法然は門弟を集めて協議した結果、その年の十一月七日に「七箇条の制戒」を作り、それに法然以下計百九十名の門弟たちが署名し、それを天台座主に呈上いたしました（親鸞はその八十七人目に「僧綽空」と署名しております）。その「七箇条の制戒」とは、およそ次のようなものです。

第一条、真言、天台を批判し、阿弥陀仏以外の仏、菩薩を謗ること。

第二条、有智の人、別行の人に対して諍論すること。

第三条、別解別行の人に対してそのことを棄てさせること。

第四条、婬酒、食肉をすすめて持戒持律の人を雑行者ということ。

第五条、聖教にない私義を語って論争すること。

第六条、唱導、布教をこのんで無智の道俗を教化すること。

第七条、仏法でないことを仏法といい、いつわって師匠の説ということ。

以上が、その制戒のおよその内容ですが、法然は、それを結ぶにあたって、
　右おのおの一人の説といえども、積るところ予が一身の衆悪たり。弥陀の教文を汚し、師匠の悪名を揚ぐ。不善の甚しきこと、これに過ぎたるはなきものなり。（中略）この上なお制法に背く輩は、これ予が門人に非ず。魔の眷属なり。さらに草庵にくるべからず。（法然全集七八七〜七八九頁）

などといっております。しかしながら、ここでいう第一条の阿弥陀仏以外の仏、菩薩を否定すること、第二条の有智別行の人に対して論争をいどむこと、第三条の別解別行の人に対してそれを棄てさせること、第四条の持戒持律を否定し破戒のものを是認することなどは、『選択本願念仏集』それ自身が、そのことを主張し、具体的に実践しているところで

ありますこの時には、いまだその『選択本願念仏集』がいっぱんに公開されていませんので、その矛盾は表面化しませんでしたが、法然自身には、そのことが充分に自覚されていたはずであります。にもかかわらず、「この上なお制法に背く輩は、これ予の門人に非ず」とは、いかなる意味をもつものでしょうか。一見したところでは、この「起請文」の文章と、『選択本願念仏集』の主張との間には、かなりの対立、矛盾があるように思われます。

ところで、その「起請文」に付属して送られた『送山門起請文』によりますと、

浄土をねがう輩、あに妙法を捨んや。なかんずく、源空念仏の余暇に当って天台の教釈を開て、信心を玉泉の流にこらし、渇仰を銀池の風にいたす。旧執なお存す。本心何ぞ忘れん。（法然全集七九六〜七九七頁）

と語っています。法然は、その『選択本願念仏集』の結勧の文において、善導の『観無量寿経疏』の教言をめぐって、

是れにおいて貧道、昔この典を披閲してほぼ素意を識り、たちどころに余行をすててここに念仏に帰しぬ。それよりこのかた今日に至るまで、自行化他ただ念仏を縡とす。（真聖全一、九九三頁）

と明かし、善導の教示によって、「たちどころに余行をすててここに念仏に帰しぬ」と告

白しています。この文によるかぎり、法然は、『選択本願念仏集』述作の六十六歳よりもかなり早い時機、その「昔」において、余行を捨てて念仏に帰したというわけです。そのことは承元五（一一七五）年、四十三歳にして『観無量寿経疏』の文に開眼し、やがて比叡山に訣別して、黒谷を離れたという伝記にも重なるものでありましょう。またそのことは、『阿弥陀経釈』には、

然るに予昔叡峰にありて、天台の余風をあおぎ、玉泉の下流をくみ、三観六即において疑雲いまだひらけず、四教五時において迷闇いまだあけず。いわんや異宗他門においてをや。かすかに善導所立の往生浄土の宗において、経論ありといえども鑚仰するにこれ人なし、疏書ありといえども習学するにこれ倫なし。ここをもって相承血脈の法にうとく、面授口訣の義にとぼし。夜光晦冥にしたがう、何んぞあえて悲歎せざらん。予よってしばらく仏意を探ねて、ほぼ聖訓をうかがい、三昧発得の妙誨にしたがって九品往生の義意を宣ぶ。（法然全集一四六頁）

などと語って、自分はその昔、比叡山にあって天台教学を学んだが、その疑雲をはらい、迷闇をあきらかにすることはできなかった。しかし、善導の教示する往生浄土の仏道において仏意に開眼することができた。よっていまはその教法にしたがって浄土往生の道を明かした、というわけです。ここでもその「昔」に、善導の教言によって仏意に開眼したと

いうわけです。しかしにもかかわらず、この元久元年、七十二歳のときに書かれた『七箇条起請文』に付せられた『送山門起請文』によりますと、「浄土をねがう輩、あに妙法を捨てんや」といい、また「源空念仏の余暇に当って天台の教釈を開て、信心を玉泉の流にこらし、渇仰を銀池の風にいたす」といいます。上に見た『阿弥陀経釈』では、天台教学に対して、かなり否定的、批判的に、「玉泉の下流をくみ、三観六即において疑雲いまだひらけず、四教五時において迷闇いまだあけず」などといっていますが、ここではそれについて、まったく肯定的、好意的に「天台の教釈を開き」「信心を玉泉の流にこらす」というわけです。そしてさらには「旧執なお存す。本心何ぞ忘れん」とまでいいます。昔に学んだところの天台教学の旧執は、いまもそのまま保持しております。どうしてその本心、原意趣を忘れることがありましょうか、というわけです。

その点、すでに上において見てきたところの文章、『選択本願念仏集』における八選択の文や「三選の文」、そしてまた善導の教示によって「余行をすててここに念仏に帰しぬ」という文や、上に見た『阿弥陀経釈』の文章と、その『送山門起請文』に見られるところの、「浄土をねがう輩、あに妙法を捨んや」「旧執なお存す。本心何ぞ忘れん」などという文章の対立、矛盾は、いったいいかに理解すべきでしょうか。両者の文章を読むかぎり、とうてい同一人物の文章とは考えられません。そのことについては、この『送山門起請文』の文章は、その最後に註記して、「私云、執筆宰相法印聖覚也」（法然全集七九五頁）とあるところからすると、それが事実であるとすれば、天台宗の僧侶でありながら、浄土念仏に帰依して法然の法友でもあった聖覚が、当時のさまざまな緊迫した状況を考慮しながら、その事態の収拾をはかって、執筆作成し、それを法然が追認したものではなかろうかと思われます。ことにこの文章が流麗な文体であることからしますと、聖覚によって起草執筆されたということは、充分に考えられるところであります。もしもそうであるとしますと、法然は内心は念仏専修の立場に立ちながらも、その外相においては、天台宗義から離別ができなかったという、法然自身の意識、その思想の二重性にもとづくもので、法然は、その内心、本意のところでは、専修念仏の道に帰依しながらも、その外相、人間関係においては、その生涯をとおして、天台宗の僧侶としての生活から離脱しえなかったのではないか、と考えざるをえません。

ともあれ、そのことは、すでに上において指摘したように、その「三選の文」が宿しているところの曖昧性、不徹底性の問題でもあります。すなわち、この「三選の文」における「且閣」、「且抛」、「猶傍」の言辞は、そのいずれも決定的な選択、排除を意味するものではなくて、やがて後には再び肯定され、承認される可能性を含んでいたということにも重なるところであり、法然における仏教理解、念仏領解には、いまひとつ徹底性に欠けるところがあり、このような曖昧性、矛盾性が残存していたのであろうと思わざるをえません。事実法然は、その生涯にわたって、他面では天台宗の僧侶として持戒堅固な身をたもちつつ、多くの人々に授戒し、病気平癒のために祈請していたわけです。かくしてこのような法然における生き方の二重性、矛盾性は、その必然として、その門下の念仏理解にも、いろいろと多様性をもたらすこととなったようです。

四　親鸞における領解

1　法然門下における念仏理解

そこで法然門下における浄土往生の行道をめぐって、一瞥することといたします。

まず隆寛（一一四八～一二二七）は、その学系が恵心流であったところから、早くより天台の教学を学習実践しながらも、他面では、浄土教にも深く傾倒していきました。隆寛には多くの著作がありましたが、現存する主なものは、

『弥陀本願義』四巻

『滅罪劫数義』一巻

『具三心義』二巻
『散善義問答』若干巻
『極楽浄土義』中下二巻
『一念多念分別事』一巻
『自力他力事』一巻
『後世物語聞書』一巻

などです。

その隆寛の行道思想については、念仏往生の道と観仏往生の道を語ります。その念仏往生の道とは、法然の念仏往生の思想をうけるものですが、それについては、専心念仏往生の道と廻向余善往生の道があるといいます。はじめの専心念仏往生の道とは、第十八願の道として、もっぱら称名念仏することにより、臨終に来迎見仏をえて往生を期する道をいいます。

そしてあとの廻向余善往生の道とは、第十九願の道として、聖道教の諸行を修めていたものが、廻心転向して三心具足の称名念仏に帰入する道をいい、また第二十願の道として、念仏と余行を並修していたものが、廻心転向して三心具足の称名念仏に転入する道をいいます。

そしてまた、次の観仏往生の道とは、『観無量寿経』に説くところの定善観仏の道であって、その観仏行を修めるならば、平生に三昧を発得して浄土に往生をうるという道です。そしてこのような観仏往生の道は第十九願の道でもあるといいます。

かくして隆寛は、はじめ念仏往生の道は、阿弥陀仏の本願によって選ばれた道で、本願の立場からすれば勝れた道というべきであるが、人間の根機の立場からすれば、観仏往生の道はこの現実において三昧見仏をうるところ、この道こそが勝れた道というべきだといいます。その点、隆寛は、法然によって廃捨された観仏の道を再評価するわけで、師説に背くという批判をうけねばならないでしょう。

この隆寛によって開説された教法はやがて消滅し、今日では教団としては伝わっておりません。

次に長西（一一八四～一二六六）は、その著作としては、

『浄土依憑経論章疏目録』一巻

『選択集名体決』一巻

『念仏本願義』一巻

『観経疏光明抄』十八巻（現存五冊）

などがあります。

その長西の行道思想については、阿弥陀仏がその行道について誓願したところの、第十八願文、第十九願文、第二十願文については、第十八願文は念仏往生の願と捉えます。そしてその念仏とは、基本的には称名念仏と見ながらも、さらには広く観念念仏の意味を含むものと見ていたようです。そして第十九願文については、修諸功徳と臨終来迎の二義を見て、そこに諸行往生の意味をうかがいながらも、基本的には臨終来迎を誓った願だと捉えます。そして次の第二十願文については、植諸徳本としての諸行往生を明かすものと理解しています。すなわち、第十八願文は十念称名の念仏往生の道を、第二十願文は植諸徳本の諸行往生の道を誓った願だというわけです。後世において諸行本願義を主張したといわれるところです。その点、背師自立のそしりをまぬがれえないところでしょう。

この長西の教説も、今日では教団としては何ら伝わってはおりません。

また幸西（一一六三〜一二四七）は、承元の法難に際しては、法然、親鸞らとともに、阿波に流罪と決定しましたが、慈円の庇護によって難をのがれたといいます。しかしその後の嘉禄の法難には、壱岐に流罪になったといいます。その著作については、『京師和尚類聚伝』一巻、『玄義分抄』一巻が残っています。

その幸西の行道思想については、聖道教を方便の教説とし、浄土教の阿弥陀仏の本願こそが唯一真実の仏道であるといいます。そしてその四十八願は、第十八願文のための方便であり、その第十八願文の十念は、その成就文の一念のための方便となるものであって、この本願成就の一念こそが、唯一真実の行道であることを主張いたします。そしてその念仏については、ひろくは称名念仏として捉えながらも、それはついには一念に帰結するわけで、この一念のところで、すでに浄土往生が成就し、多念に相続する必要はない、もしも多念を主張するならば、自力をたのむこととなって往生が成立しないといいます。そしてその一念とは、外相的には一声の称名を意味するとしても、まったく主体的な心念念仏のことであるといい、その絶対現在なる一念の信念のところで、仏智、仏心に相応し冥合するならば、それは願行具足する信智となって、ここに浄土往生の業事が成立するというわけです。その点、幸西の念仏理解は、きわめて観念的な性格をもっているわけで、法然在世の時代に、この幸西の門弟が北陸地方において一念義を主張し、念仏者の行儀をめぐっていろいろと非難されることがあったのは、このような観念的な念仏理解が宿しているところの、大きな陥穽の問題でもあったわけでありましょう。

この幸西によってはじめられた教法も、今日では教団としては伝っておりません。

また証空（一一七七～一二四七）は、十四歳にして法然の門弟となりました。承元の法難では、法然、親鸞などとともに流罪に決定しましたが、慈円に庇護されて難をのがれました。また嘉禄の法難でも、隆寛、幸西らとともに流罪に決定しましたが、その時にも、権力に誓状を呈して難をのがれました。二度の法難に際して、ともに権力に媚びてうまく身を処したわけです。もって証空の人間性と、その生き方がよくうかがわれるところです。

その著書の主なるものは、

『観経疏観門義』二十一巻
『観経疏他筆鈔』十四巻
『観経秘決集』二十巻
『観念法門観門義』三巻
『往生礼讃観門義』十巻
『般舟讃観門義』七巻
『選択集密要決』五巻

などです。

その証空の行道思想については、仏教全体を三分して、行門、観門、弘願といい、その行門とは、聖道教自力の行道をいい、観門とは、『観無量寿経』に説くところの定散二善の行道をいい、弘願とは『無量寿経』に説かれるところの、阿弥陀仏の第十八願の念仏往生の行道をいうわけです。そして第十九願は来迎引接の願、第二十願は繫念定生の願と捉えますが、そこには修諸功徳、植諸徳本の諸行も誓われているが、それも念仏体内の善を意味して、それらはすべて念仏往生を明かすものだといいます。そして阿弥陀仏とは、正覚成就の自体であるとともに、私たちにとっては往生成就の行体でもあって、まさしく往生正覚一体にして、仏体即行（名体不二）であるといいます。したがって私たちが、その本願の内実、そのいはれを聞いて領解の心をおこすならば、ここにおいて、すでに現世往生（即便往生）が成立すると説くわけです。そしてまた、その南無阿弥陀仏なる六字の名号は、その南無には、機、さらには願の意味があり、その阿弥陀仏には、教、さらには行の意味があって、その名号とは、仏体即行、名体不二、機法一体、願行具足なる仏体であって、私たちの浄土往生の行業とは、名号そのものにほかならないと主張します。しかしながら、このようにあらゆる定散二善、諸行善根を、ことごとく念仏体内の善根として是認することは、法然において廃捨されたところの諸行、諸善を、復活、是認するわけで、それは明らかに師説に背くことですが、当時の念仏教団を取りまく、旧仏教教団の圧力に対して、自ら妥協していったということでしょう。

そしてまた、証空は、信後の行業を重視して、自ら日課六万遍の念仏から、毎日『浄土三部経』や『梵網経』を読誦し、また二十五三昧までも修めたといいます。すでに即便往生を語り、業事の成弁している身にとって、なぜそのような行業が必要であったのでしょうか。この問題をめぐっては、明確には、その門弟観智の門下である行観が、それらの行業は、すべて仏恩報謝のためであると意義づけたところ、以来、それらをすべて報恩行であると主張していまに至っております。

今日における京都、長岡京市の粟生の光明寺を本山とする西山浄土宗は、この証空によって開創されたものです。なお、このような名号における名体不二、機法一体、願行具足の発想、および称名行を信後の報恩行と捉える主張が、のちに覚如、蓮如らによって、真宗教義の中に模倣、摂取されていったことは、すでに別に論考したところであります。

また弁長（一一六二～一二三八）は、その著書には、

『末代念仏授手印』一巻
『浄土宗名目問答』三巻
『念仏名義集』三巻
『浄土宗要集』六巻
『徹選択本願念仏集』三巻

などがあります。

その弁長の行道思想については、仏教には聖道教と浄土教があるが、聖道教は此土成仏の教えであり、浄土教は彼土成仏の教えであるといい、両者をまったく並列的に捉えて、聖道教による成仏も認めます。そして阿弥陀仏の誓願についても、総願と別願があり、そ

の総願の四弘誓願では、三福、六度などの諸行が明かされ、その別願の四十八願では、その第十八願文は称名往生の願であって、浄土の行道はこの本願にもとづいて成立するといいます。それに対して、第十九願文は念仏来迎の願であると捉えます。そしてまた第二十願文は係念定生の願といい、さらには順後に往生させようと結縁を誓ったものだといいます。すなわち、弁長は、その念仏往生の道について、総の念仏と別の念仏があるといい、その総の念仏とは、万行諸善のすべてを意味し、別の念仏とは、本願の称名念仏を意味して、この称名念仏は三心を具足してこそ、もっぱら修められるべき正定業であり、その助業については各々にまかされるといいます。その点、弁長は、浄土往生をめぐって、諸行往生と念仏往生の両者を是認したわけです。

そして弁長は、その称名念仏の修め方について、尋常行儀、別時行儀、臨終行儀の三種の形式を明かします。その尋常行儀とは、平生における日課としての称名念仏をいうわけで、日日もっぱら選んで称名念仏を相続することをいいます。また別時念仏とは、日時を定め、場所を定め、身心を清め、威儀を正して、一日、七日、ないしは九十日を一期として、専心に称名念仏することをいいます。また臨終行儀とは、その人の臨終に際して、場所を整え、仏像、仏画を安置して、来迎引接の思いに住して念仏することをいい、この臨終において、まさしく来迎をうるもののみが、よく浄土に往生をうることができると明かしております。このように、念仏について総別を語り、聖道教が説くところの諸行、善根も、総の念仏という概念をもって包摂し、そのすべてが浄土往生の行業となるという主張は、法然の念仏理解に対しては、まったく背反するものといわざるをえないでしょう。ここでもまた、上に見た証空と同じように、当時の旧仏教教団からの圧力に妥協したということでしょう。

今日における京都市の東山知恩院を本山とする浄土宗は、この弁長を派祖として成立したものであります。

2 親鸞における領解

そこで最後に、親鸞（一一七三～一二六二）における念仏をめぐる領解については、その主著である『教行証文類』において明確に論じているところです。すなわち、そこでは聖道教は、すでに時と機、歴史性と人間性とに相応しえない過去の教法であるといい、また浄土教においても、第十八願文にもとづく他力念仏の道と、第十九願文にもとづく修諸功徳、諸善万行の道と、第二十願文にもとづく植諸徳本、自力念仏の道の三種の行道があるが、その第十九願、第二十願の道は、いずれも方便権仮の仏道であって、廃捨されるべきものであり、ただ第十八願の、称名往生、聞名往生、信心往生の道、すなわち、称名、聞名、信心の道こそが、唯一真実の成仏道であると主張するわけです。次の文は、そのことを端的に明かします。

本願一乗は、頓極頓速円融円満の教なれば、絶対不二の教、一実真如の道なり。まさに知るべし。専中の専なり、頓中の頓なり、真中の真なり、円中の円なり、一乗一実は大誓願海なり。(『愚禿鈔』真聖全二、四五八頁)

その意味においては、法然の門下において、その「三選の文」が宿しているところの、専修念仏の意趣について、その思想、その選びの論理を、もっとも鮮明に継承し、展開したのは、ひとり親鸞のみであったといいうるところでありましょう。

この親鸞によって開顕された本願の行道、真宗の仏道については、次の『教行証文類―真宗学シリーズ8』において、詳しく論述いたしましょう。

第九章　結　語

以上、真宗聖典学の一環として、インド、中国、日本の三国にわたる七高僧の撰述について、いささか考察し、解説を試みてまいりました。そしてここではことに、七高僧について、より理解しやすいようにという配慮のもとで、その撰述について、主体的に解釈をすすめるというよりも、もっぱら歴史的な視座を大切にしつつ、浄土教理史、仏教思想史の立場から解明いたしました。その意味においては、その七高僧それぞれの浄土教領解とともに、その七高僧ぜんたいの関連、その歴史的、伝統的な展開の跡づけをめぐって、およその流れが明瞭になったことであろうと思います。

そしてそこで明らかになったことは、その第一祖である龍樹の貢献がまことに偉大であったということです。すなわち、その『十住毘婆沙論』は、浄土教の原典としての〈無量寿経〉、ことにはその〈後期無量寿経〉が教説するところの、浄土の行道としての聞名不退、聞名往生、聞名得益について、それを見事に領解し、継承しているということであります。その〈無量寿経〉が説くところの聞名という行道とは、より詳しくは、『大阿弥

陀経』の流通分によれば、

阿弥陀仏の声を聞きて、慈心歓喜し、一時に踊躍し、心意浄潔にして。（真聖全一、一八二頁）

と明かし、また『平等覚経』の流通分によれば、

無量清浄仏の声を聞き、慈心歓喜して、一時に踊躍し、心意清浄にして。（真聖全一、一三二頁）

と説くところでありますが、そのことは『サンスクリット本』の相当の文に照合しますと、

アミターバ如来の名を聞いて、

かの如来に対して、そしてこの法門に対して、たとえ一たびでも心の澄浄（citta-prasāda）を得るであろう生ける者たち。（藤田宏達訳『梵文和訳・無量寿経・阿弥陀経』一四七頁）

ということであって、この文は、聞名にもとづくところの真実信心の開発を教示しているということであります。かくして、この〈無量寿経〉の行道とは、阿弥陀仏の私に対する告名（なのり）の声、招喚（まねき）の声を聞いて、澄浄なる心、真実信心という宗教的体験を開発していくという、仏道にほかなりませんでした。

龍樹はその『十住毘婆沙論』「易行品」において、在家者のための菩薩道を明かすにあ

たり、このような〈無量寿経〉の教説に注目し、それを受容、伝統することにより、ことにその聞名という契機、阿弥陀仏の告名、招喚の声を聞くという体験の成立をめぐって、そのことが〈無量寿経〉においては、何ら具体的に指示されていないところから、新しく在家者にとってもっとも容易な行業として、礼拝（身）、称名（口）、憶念（意）の三業の奉行、その実践を提唱いたしました。すなわち、その日々において、阿弥陀仏を礼拝し、その仏名を称唱し、それを憶念するということ、そのことを不断に相続し、深化させていくならば、やがて阿弥陀仏の私に対する、告名（なのり）、招喚（まねき）の声というものが、確かに聞えてくる、そういう出世的な宗教的体験を身にうることができ、それにおいて、心澄浄なる真実信心の境地を、新しく開発することができるということでありました。そして龍樹は、そのような信心の境地をうるならば、「信心清浄なるものは、華開けてすなわち仏を見る」（「易行品」大正二六、四三頁）といい、ここにして仏と出遇い、それなりの人間成熟、人格成長をとげて、菩薩道の階位の第四十一位なる、初地、不退転地に達し、一定までの仏の「さとり」を身にうることができると明かしております。かくして、ここに浄土教における仏道の、基本的な構格が、はじめて明らかに確立されていったわけで、龍樹浄土教のはたした役割は、まことに大きなものでありました。

しかしながら、その後のインド浄土教においては、天親がその聞名の道に対して、見仏の道を主唱したことにより、そのような浄土教における聞名と見仏の二種の行道が、重層したまま中国に流伝することとなり、そこでは〈無量寿経〉の根本意趣について充分に理解されないまま、曇鸞、道綽、善導と継承されていきました。そして当時の中国では、ことに観仏の道を説く『観無量寿経』が重視されており、〈無量寿経〉の聞名の道はまったく見失われて、もっぱら観仏、見仏中心の浄土教が展開していきました。

そしてそのような、中国浄土教を受容した日本の浄土教も、ひとえに南都、北嶺の聖道教の傍流として伝えられ、それら聖道教に重層するところの、見仏の道としての浄土教でしかありませんでした。源信の『往生要集』といい、法然の『選択本願念仏集』というも、いずれも観仏の道に対する称名念仏を主張したといっても、その行道とは、平生における三昧見仏か、臨終における来迎見仏をめざすものであって、しょせんそれは見仏の道にほかなりませんでした。その意味においては、その浄土教の原典としての〈無量寿経〉における聞名不退、聞名往生、聞名得益の教説は、インドの龍樹によって継承、発揮されて以来、その後においては、何ら注目されることもなく、まったく無視されておりました。ただ日本の源信が、その晩年に著わしたという『阿弥陀経略記』の中に、『阿弥陀経』が説くところの聞名不退の文に注目して、阿弥陀仏の名号を聞くものは、この現生において不退転地に住することができると明かし、またそのことをめぐって、『無量寿経』の願文を引用し、またこの龍樹の『十住毘婆沙論』の文に注目したことは重要であります。

私は親鸞が、比叡山を下りたのは、もっぱら国家権力に庇護されて存在するところの、伝統の出家仏教、聖道教の在り方に疑問と限界を抱き、その日日、社会的不安のただ中で苦悩する、多くの民衆たちの現実状況に心を痛めつつ、この庶民のための新しい在家仏教の確立、その宣布を願ったからであろうと思いますが、その庶民のための新しい在家仏教については、この源信の『阿弥陀経略記』が明かすところの聞名の道、そしてその原典としての〈無量寿経〉が語るところの、聞名不退、聞名往生、聞名得益の道という、まったく新しい教説に出遇い、それについて開眼したからでありましょう。そのことについて証明する具体的な第一次史料については、今日では何ら存在しませんが、そういう私の領解をめぐっては、すでに『真宗求道学—真宗学シリーズ5』において、その詳細を論述したところであります。

そしてそのような聞名の行道をめぐっては、親鸞は、その主著である『教行証文類』において、浄土真宗の仏道、本願の行道として、きわめて明快に解明し、主張して、その行道とは、帰結するところ、その日日に仏法を中心に、不断に称名念仏しつつ、その私における称名が、そっくりそのまま、阿弥陀仏の私に対する告名（なのり）、招喚（まねき）の、「仏の声」であると聞こえてくること、そのように実感し、信心体験すべきことを教

示しているところであります。親鸞が、その『高僧和讃』(龍樹章)に、

不退のくらいすみやかに　　えんとおもはんひとはみな
恭敬の心に執持して　　弥陀の名号称すべし(真聖全二、五〇二頁)

と語るものは、そのことを端的に明かしたものでありましょう。その意味においては、真宗の仏道とは、称名、聞名、信心の道であるといいうるわけであります。

妙好人の浅原才市の作品にこんなものがあります。


名号をわしが称えるじゃない。わしにひびいて南無阿弥陀仏。

如来さんはどこにおる。如来さんはここにおる。才市が心にみちみちて、南無阿弥陀仏を申しておるよ。

才市よい。へ。いま念仏を称えたは誰か。へ。才市であります。そうではあるまへ。親さまの直説であります。機法一体であります。

南無阿弥陀仏。親の呼び声。子の返事。

これらの作品は、まことに見事というほかはありません。ここには親鸞によって明示された真宗の仏道、その称名、聞名、信心の道が、的確に表象されております。まさしくそのとおり、そのとおりです。南無阿弥陀仏。

◎参考文献

長谷岡一也　『龍樹の浄土教思想』　京都　法藏館
山口　益　『無量寿経優婆提舎願生偈の試解』　東本願寺安居事務所
藤堂恭俊　『無量寿経論註の研究』　京都　仏教文化研究所
山本仏骨　『道綽教学の研究』　京都　永田文昌堂
大原性実　『善導教学の研究』　東京　明治書院
石田瑞麿　『源信』（『東洋文庫』8・21）　東京　平凡社
石井教道　『選択集の研究』（総論篇）　京都　平楽寺書店
信楽峻麿　『浄土教における信の研究』　京都　法藏館
信楽峻麿　『親鸞と浄土教』　京都　法藏館

あとがき

近代の初頭において、前田慧雲氏（龍谷大学初代学長）は、「仏教古今変一班」（『真宗叢書』別巻、「前田和上集」所収）と題する講義をおこなって、これからの真宗学の学問研究においては、歴史学の視座からの、客観的な解明が必要であることを主張いたしました。それまでの近世、江戸時代の真宗学は、もっぱら経典、論釈の語句解釈を中心とする、訓詁註釈学に始終して、歴史的な視点からの解明はまったくおこなわれていませんでした。そこで前田の見解は、仏教はインドにおいて成立して以来、さまざまな変遷をとげて今日に至り、真宗教義もまた、親鸞以降、いろいろと変化してきているわけで、仏教、真宗の原点、その本質をまさしく領解するためには、何よりも歴史学の視座からの、明確な研究、把捉が、必須であると提言したわけであります。

しかしながら、それ以来百年をはるかに過ぎたというに、今もってこの真宗学には、そういう歴史的な研究がほとんど定着してはおりません。

たとえば、七高僧の撰述をめぐっては、かつてある教学者は、龍樹の『十住毘婆沙論』「易行品」の信方便易行を解釈するのに、そこに信心と称名が説かれているところから、それを蓮如の信心正因、称名報恩の思想にかさねて捉えておりますが、そのような歴史的変遷を無視した見解は、まさしく噴飯ものでありましょう。真宗学における、歴史的な視座欠落の最たる例であります。

また近年では、法蔵菩薩とは、阿頼耶識（蔵識）のことであるといった教学者がおりますが、そのことについては、すでにさる高名な仏教学者から厳しく批判されているところで、その法蔵菩薩説話が、いかなる思想史的な背景をもって語られてきたのか、そういう歴史的視座に無知なるままに、その両者に、「蔵」という文字が共通しているところから、それを単純にこじつけてそういっただけでしょう。この教学者は、かつてアジア・太平洋戦争に際しては、戦時教学を構築した一人ですが、その時には、「弥陀の本願と天皇の本願とは一致している」といいました。そこには、親鸞が承元の法難にかかわって、念仏を弾圧した天皇権力を厳しく批判したという歴史的事実も、また近代天皇制が、いかなる政治的な意図をもって形成されていったかという歴史的な事情についても、まったく考慮することなく、単純に当時の国家体制におもねって、阿弥陀仏と天皇の権威を重ねて捉えただけのことです。もしもそういう歴史的事実に対する明確な認識があったならば、そんなことはとうてい言いえなかったはずです。こんなことでは、まっとうな真宗学が成立するはずはないでしょう。おろかな話です。

しかしながら、そのような歴史性を無視する傾向は、いまもって今日の東西本願寺の伝統教学にも見られるところで、ことに西本願寺伝統教学においては、かつて近世の封建時代に形成されたところの、非仏教的、非親鸞的な二元論の、「安心論題」なる信心解釈をいまもって墨守し、それを教授しておりますが、そこでは浄土教の原典としての〈無量寿経〉が説くところの、浄土教理の基本的原理についてはまったく無知であり、また親鸞没後に、覚如、存覚、蓮如らが、真宗とは異質なる、西山浄土宗および鎮西浄土宗の教義解釈を模倣したという歴史的事実についても、何ら自覚、反省することもありません。そういう浄土教理史および真宗教学史の視点からの研究考察は、まったく欠落したままです。かくしてその「安心論題」では、〈無量寿経〉が説くところの浄土の教理も、また親鸞が意趣を尽くして明らかにしたところの真宗信心の論理も、何ら明確には語られることはなく、それとは似て非なる浄土偽宗が伝統され、教説されているところです。まことに稚拙な教学状況というほかはありません。

そういうことは、また大谷派の教学にも共通することですが、ことに清沢満之の真宗理解についても、それはしょせん近代初頭に、東西本願寺が自己規定した、近代天皇制に即応するための二元論的な真宗教義、真俗二諦論の範疇を超えるものではなくて、その精神主義なる観念論的真宗理解は、帰するところ、その近代天皇制の国家体制に従属するものにほかなりませんでした。しかしながら、そこでもまた、真宗教学史の視座は成立することもなく、そのような体制教学に対する厳密なる検証、批判は、何ら生まれてはおりません。

そしてそういう歴史的視座欠落の最たる問題は、この東西本願寺の伝統教学においては、かつてのアジア・太平洋戦争において構築した戦時教学が、いまもって何ら問われることもなく、いまなおその残骸をそのまま引きずっているということであります。そこではアジア・太平洋戦争は聖戦であり、日本の神道とは、そのまま真宗念仏に重層し、阿弥陀仏と天皇は即一して、天皇に叛くものは浄土に往生できないとまでいいつのりましたが、そういうことをいった教学者たちは、戦後において誰一人として、自己の信心の誤謬を認めて廻心懺悔し、転向を表明したものはおりません。そのまま引きつづいて、龍谷大学や大谷大学で親鸞を講義し、それぞれが教団教学の最高の地位を占めていったわけです。これが今日の東西本願寺の教学が語る真宗信心というものの実態です。現在の真宗学に歴史的視座が欠落していることの何よりの証左であります。

こんなことで、まことの真宗学という学問が成立するものでしょうか。今日では文系であれ理系であれ、自らの学問、研究の足跡を検証しない、それについての歴史的な視座をもたない学問はないでしょう。しかしながら、真宗学という学問には、いまもってそのことが成立していないわけです。もしも真宗学が、今後ともそうであるとするならば、それはまともな学問ではなくて、必ずやまた、前車の轍と同じような過誤を犯すことでありましょう。真宗学という学的営為が、いかに近代以前のものであり、真理に叛いているかが、改めて問われるところであります。

このような状態では、本願寺教団は、現代の社会の進展に充分に対応することはできず、また現代の人々の苦悩に、的確に応答することは不可能でありましょう。浄土真宗は、いっそう現代社会から遊離し、大衆から見はなされていくことは必定であります。

真宗教団の根幹、その生命は何よりも教学です。その教学が、それぞれの時代と社会によく即応し、また自己変革しつつ、新しく構築されつづけてこそ、多くの民衆の精神生活を指導し、教化することができるわけです。そして教団は、そのことにおいてこそ、よく活気を取りもどし、また未来に向って発展していくことができるのです。しかしながら、その教学が、いまもって非仏教的、非親鸞的な真俗二諦論の封建教学、近代教学、そしてまた戦時教学の残骸を引きずりつづけていては、現代の民衆の心的要求によく順応できるはずはありません。教団の組織をどれほどいじくりまわそうとも、それはしょせん盥の水を掻きまわすだけのことです。教学の変革こそが何よりも急務であり、先決事項です。今日の伝統教学には、現代の諸状に充分に対応し、多くの民衆の苦悩をよく受容して解決し、それを教導していくほどの、確かなる論理と力量が育っているのでしょうか。まことに疑問です。

いまや世界、社会は、大きな転換期を迎えています。そしてそれにともなって数々の問題が噴出しております。この歴史的現実に、伝統の教団教学はどう対応するのでしょうか。その現状を瞥見するかぎり、まことに心もとない状況といわざるをえません。その教学に未来が見えないかぎり、教団の将来については何らの展望もひらけてはこないでしょう。確かな教学をもっていないこの本願寺教団は、まさしく羅針盤を失った船舶のようなものです。これからこの世界の荒海を、あてどなく漂流していくほかはないでしょう。

なお最後になってまことに恐縮ですが、このような企画刊行を領承、応援してくださった、法藏館会長の西村七兵衛氏と社長の西村明高氏に甚深なる謝意を表し、またその編集業務を推進していただいた和田真雄氏と岩田直子さんに心より御礼を申しあげます。

二〇一二年八月六日

信楽峻麿

信楽峻麿（しがらき　たかまろ）

1926年広島県に生まれる。1955年龍谷大学研究科（旧制）を卒業。1958年龍谷大学文学部に奉職。助手、講師、助教授を経て1970年に教授。1989年より1995年まで龍谷大学学長。1995年より2008年まで仏教伝道協会理事長。

現在　龍谷大学名誉教授、文学博士。

著書に『信楽峻麿著作集全10巻』『教行証文類講義全9巻』『真宗の大意』『宗教と現代社会』『仏教の生命観』『念仏者の道』（法藏館）『浄土教における信の研究』『親鸞における信の研究上・下』『真宗教団論』『親鸞の道』（永田文昌堂）『The Buddhist world of Awakening』（Hawaii Buddhist Study Center）その他多数。

真宗聖典学②
七高僧撰述　真宗学シリーズ7
二〇一二年一〇月二〇日　初版第一刷発行
著　者　信楽峻麿
発行者　西村明高
発行所　株式会社　法藏館
京都市下京区正面通烏丸東入
郵便番号　六〇〇-八一五三
電話　〇七五-三四三-〇〇三〇（編集）
〇七五-三四三-五六五六（営業）
印刷・製本　亜細亜印刷株式会社

ISBN978-4-8318-3277-1 C0015